www.ingramcontent.com/pod-product-compliance
Lightning Source LLC
LaVergne TN
LVHW020425080526
838202LV00055B/5042
9788119022052

اردو کی کہانی

مصنف:

پروفیسر سید احتشام حسین

© Taemeer Publications

Urdu ki Kahani
by: Syed Ehtisham Hussain
Edition: January '2023
Publisher & Printer:
Taemeer Publications, Hyderabad.

ISBN 978-81-19-02205-2

9 788119 022052

مصنف یا ناشر کی پیشگی اجازت کے بغیر اس کتاب کا کوئی بھی حصہ کسی بھی شکل میں بشمول ویب سائٹ پر اَپ لوڈنگ کے لیے استعمال نہ کیا جائے۔ نیز اس کتاب پر کسی بھی قسم کے تنازع کو نمٹانے کا اختیار صرف حیدرآباد (تلنگانہ) کی عدلیہ کو ہوگا۔

© تعمیر پبلی کیشنز

کتاب	:	**اردو کی کہانی**
مرتب	:	**سید احتشام حسین**
صنف	:	تحقیق
ناشر	:	تعمیر پبلی کیشنز (حیدرآباد، انڈیا)
زیر اہتمام	:	تعمیر ویب ڈیولپمنٹ، حیدرآباد
سالِ اشاعت	:	۲۰۲۳ء
تعداد	:	(پرنٹ آن ڈیمانڈ)
صفحات	:	۱۰۲
سرورق ڈیزائن	:	تعمیر ویب ڈیزائن

فہرست

	دیباچہ ثانی	7
	دیباچہ اول	8
(۱)	زبانوں کا گھر ہندوستان	10
(۲)	اردو زبان کی ابتدا	15
(۳)	گھر سے دور دکھنی ہندوستان میں	20
(۴)	دلی کی شاعری	26
(۵)	ترقی کا زمانہ	30
(۶)	پچھم سے پورب تک	36
(۷)	نظیر اکبر آبادی	41
(۸)	دبستان لکھنؤ	45
(۹)	نثر کی ترقی	52
(۱۰)	دلی میں ایک بہار اور	59
(۱۱)	نئی منزل کی طرف	65
(۱۲)	کچھ نئے کچھ پرانے	77
(۱۳)	نیا زمانہ، نیا ادب	84
(۱۴)	کچھ ضروری اشارے	94

اپنے بچوں کے نام

دیباچہ

اُردو کی کہانی پہلی دفعہ ۱۹۵۶ء میں چھپی۔ خوشی تھی کہ پڑھنے والوں نے اُسے پڑھا اور بہت سے دِلوں میں اُس نے اُردو کی مُحبّت پیدا کی، اِسی لیے یہ بار بار چھپتی رہی۔ میری اصل خواہش اِس کتاب کے لِکھتے وقت یہی تھی کہ جو تھوڑی بہت اُردو بھی جانتا ہے وہ اِس کی تاریخ سے بھی واقف ہو۔ اس وقت جب قومی یک جہتی کی بات ہو رہی ہے اور زبانوں سے واقفیت کا شوق بڑھ رہا ہے، مجھے یقین ہے کہ اِس کتاب کا مُطالعہ مُختلف زبانیں بولنے والوں کو ایک دوسرے کے قریب لائے گا اور یہی میرا مقصد ہے۔

اِس بار کتاب میں بہت سی ضروری تبدیلیاں کر دی گئی ہیں، میرا خیال ہے کہ اب اِس کا مُطالعہ اور زیادہ مُفید ہوگا۔

سیّد احتشام حُسین

دیباچہ

(طبع اوّل)

جب کوئی ساڑھے تین سال پہلے میں امریکہ کی ہارورڈ یونیورسٹی میں مشہور عالم اور ادیب ڈاکٹر رچرڈس سے ملا اور اُن سے اعلا ادب، تنقید اور بُنیادی انگریزی کے بارے میں باتیں ہوئیں، تو فوراً میرا خیال اُردو کی طرف گیا اور اُس کی کوتاہیوں کا شدید احساس ہوا۔ اُسی وقت یہ خیال بھی پیدا ہوا کہ ہمارے بچّوں کی تعلیم (خاص کر ادب کی) کس غیر منظم طریقے پر ہو رہی ہے، نہ اُن کی دماغی ضروریات کی طرف توجہ کی جا رہی ہے نہ نفسیات کی طرف اور نہ کبھی اس بات پر دھیان دیا جاتا ہے کہ کس عُمر میں اُن کو کتنی معلومات حاصل ہو جانا چاہیے۔ خود مجھے کبھی اِن مسائل پر زیادہ غور کرنے کی فرصت نہیں ملی ہے۔ گو اُن کی اہمیت کا احساس ہے یہ چھوٹی سی کتاب اِسی احساس کا نتیجہ ہے۔

ہر بچّہ جو تندرست ہے کوئی نہ کوئی زبان بولتا ہے بلکہ یوں کہنا چاہیے کہ وہ وہی زبان بولتا ہے جو اُس کے باپ یا اس کے گرد و پیش رہنے والے استعمال کرتے ہیں، یہی اُس کی اصل زبان ہوتی ہے، بڑا ہو کر وہ کئی اور زبانیں سیکھ سکتا ہے لیکن اس کے جذبات اور خیالات کی زبان وہی ہوگی جس میں اُس نے ابتداً بات کرنا سیکھا ہے اور جسے وہ برسوں کام میں لاتا رہا ہے، اپنی زبان سے بچّہ کا یہ تعلّق زیادہ تر جذباتی ہوتا ہے۔ ہمارے تعلیمی نظام

کا فرض ہے کہ اس تعلق کو علمی اور پائیدار بھی بنائے اس لیے ہر شخص کے لیے یہ ضروری ہو جاتا ہے کہ وہ اپنی زبان کی تاریخ اور ادب کی رفتار سے واقف ہو اس طرح اُسے اپنے ادب کا صحیح مقام معلوم ہو سکے گا اور ترقی کی رفتار سے واقف ہو کر شعر و ادب سے اور زیادہ لُطف اندوز ہونے کی صلاحیت پیدا ہو سکے گی۔

اُردو زبان و ادب کی یہ چھوٹی سی کہانی اسی خیال سے لکھی گئی ہے کہ بچّے اور اَن پڑھ بالغ کم سے کم صفحات میں اس کی مُسلسل تاریخ سے واقف ہو جائیں تفصیلات کی گُنجائش تو تھی نہیں اس لیے محض ضروری باتیں آسان اور عام فہم انداز میں بیان کی گئی ہیں۔ اِس بات کی کوشش بھی کی گئی ہے کہ تاریخ ادب کے ہر دَور کا سماجی اور سیاسی پس منظر بھی پیشِ نظر رہے تاکہ اُردو زبان و ادب کی کہانی ہندوستان میں بسنے والوں کی زندگی سے مربوط معلوم ہو۔ اِس کتاب کے پڑھنے سے اُردو ادب کی تہذیبی خصوصیات، ہندوستان کی جنگِ آزادی میں اُس کے حِصّہ لینے اور مُلکی اور قومی اتحاد و تعمیر کے لیے اُس کی جدوجہد کا بھی تھوڑا بہت اندازہ ہوگا۔ مجھے اُمّید ہے کہ یہ مختصر سی تصنیف اُردو پڑھنے والے بچّوں اور اَن پڑھ بالغوں کے ذوق کی صحیح رہنمائی کرے گی اور اُن کے دِلوں میں اپنی زبان سے مُحبّت اور اُس کی خدمت کا صحت مند جذبہ پیدا کرے گی۔

سیّد احتشام حُسین

لکھنؤ یونیورسٹی

۲۰ ؍ جون ۱۹۵۶ء

۱

زبانوں کا گھر، ہندوستان

ہندوستان ایک لمبا چوڑا دیش ہے جس میں کہیں اُونچے پہاڑ اور گہری ندیاں راستہ روکتی ہیں کہیں پھیلے ریگستان ہیں جن میں آبادی کم ہے کہیں زمین سونا اُگلتی ہے، کہیں بنجر ہے اور کچھ پیدا نہیں ہوتا۔ پھر یہاں کے بسنے والوں کو دیکھو تو کالے بھی ہیں اور گورے بھی، خوبصورت بھی ہیں اور بدصورت بھی، لمبے قد والے بھی ہیں اور چھوٹے قد والے بھی، جنگلیوں کی طرح زندگی بسر کرنے والے بھی ہیں، اور بڑے بڑے شہروں میں رہنے والے بھی۔ یہاں نہ جانے کتنی طرح کے لوگ ملتے ہیں۔ اور کتنی طرح کی زبانیں اور بولیاں بولتے ہیں۔ کچھ ایسے ہیں جن کو ہندوستان میں بسے ہوئے پانچ ہزار برس سے بھی زیادہ ہو گئے، کچھ ایسے ہیں جو تھوڑے ہی دنوں سے یہاں آباد ہیں، ایسے دیش میں عجیب عجیب ڈھنگ کی قومیں ہوں گی اور عجیب عجیب زبانیں، لیکن اس سے گھبرانا نہیں چاہیے یہ تو اس مُلک کے بڑے ہونے کی نشانی ہے کہ اس میں الگ الگ ہونے پر بھی سب کے مِل جُل کر رہنے کی گنجائش ہے۔

یہ بتانا کٹھن ہے کہ پانچ ہزار برس پہلے یہاں کون لوگ بستے تھے

مگر اب بہت سے لوگ یہ بات جانتے ہیں کہ اسی زمانے سے یہاں دُور دُور کے لوگ آنے لگے۔ اِتنا سمجھ لینا کچھ مُشکل نہیں ہے کہ پہلے دُنیا کے زیادہ تر لوگ وحشیوں کی طرح زندگی بسر کرتے تھے اور کھانے پینے کی کھوج میں چھوٹی چھوٹی ٹولیوں میں مارے مارے پھرتے تھے، جانوروں کا شکار کرتے تھے یا درختوں کے پھل پتّے اور جڑ کھا کر پیٹ بھرتے تھے۔ اِن میں کے کچھ لوگ یہاں بھی پہنچے، اُن کی نسل کے لوگ اب بھی بنگال، بہار، چھوٹا ناگپور اور وندھیاچل کے پہاڑوں کے قریب پائے جاتے ہیں۔ وہ جو زبان بولتے تھے وہ آج بھی الگ ہے، اِن میں سے کول اور مُنڈا قبیلے مشہور ہیں اور اپنی بولیاں بولتے ہیں (یہ بات یاد رکھنا چاہیے کہ دُنیا میں کوئی قوم ایسی نہیں ہے جو کوئی بولی بولتی نہ ہو یہی بات تمام انسانوں میں ملتی ہے) اُن کے ہزار ڈیڑھ ہزار برس کے بعد دراوڑ لوگ پچھم کی طرف سے وہ لوگ آئے، جنھیں دراوڑ کہا جاتا ہے یہاں اُنھوں نے خوب ترقّی کی، آج بھی مدراس، میسور، آندھرپردیش اور کیرل میں یہی لوگ آباد ہیں۔ تم نے تامل، تیلگو زبانوں کے نام سُنے ہوں گے یہ اُنھیں لوگوں کی زبانیں ہیں۔ اِن لوگوں نے قریب قریب ساڑھے چار ہزار برس پہلے سندھ اور پنجاب میں بڑے بڑے شہر بسائے اور اچھی اچھی عمارتیں کھڑی کیں۔ بہت دنوں تک اِن کے بارے میں کچھ نہیں معلوم تھا مگر کوئی پچاس برس ہوئے کھُدائی کر کے ہڑپا اور موہن جُداڑو کے شہر نکالے گئے ہیں جن کو دیکھ کر ہم اِن پُرانے لوگوں کی زندگی اور رہن سہن کے بارے میں بہت سی باتیں جان سکتے ہیں۔ آج یہ علاقے پاکستان میں ہیں۔

یہ تو تھا ہندوستان کا حال۔ باہر ایران، چین اور ترکستان وغیرہ میں ایک سا

اور قوم جسے عام طور سے تاریخ میں آریہ کہا جاتا ہے ترقی کر رہی تھی۔ یہ لوگ بہادر تھے، اچھی شکل رکھتے تھے، گھوڑے سے کام لینا اور کھیتی کرنا جانتے تھے۔ کوئی ساڑھے تین ہزار برس ہوئے یہ لوگ ہندوستان میں آئے اور انھوں نے یہاں کے پرانے بسنے والوں کو ہرا کر اتری بھارت میں اپنا راج قائم کیا۔ اِن لوگوں نے بہت سی نظمیں، بھجن اور گیت لکھے۔ یہ بات یاد رکھنے کی ہے کہ یہ لوگ جو زبان بولتے تھے اُسے آریائی زبان کہتے ہیں۔ سنسکرت اُسی کی ایک شاخ ہے۔ یونانی، جرمن، پرانے زمانے کی فارسی اور یورپ کی کئی زبانیں اسی خاندان سے تعلق رکھتی ہیں، اور جب تم آگے بڑھ کر اِن زبانوں کو پڑھوگے تو معلوم ہوگا کہ سب ایک دوسرے سے ملتی جلتی ہیں۔ زبانوں کی کہانی بڑی لمبی ہے مزے دار ہے مگر یہاں اُس کے بیان کرنے کا موقع نہیں ہے، بس یہ یاد رکھنا چاہیے کہ سنسکرت انھیں ہندوستانی آریوں کی زبان تھی، تمام لوگ سنسکرت نہیں بول سکتے تھے، یہاں کے پرانے بسنے والے یا تو اپنی پرانی بولیاں بولتے تھے یا ملی جلی زبانیں۔ دھیرے دھیرے یہ ہوا کہ سنسکرت اونچے ذات کے ہندوؤں کی زبان ہو کر رہ گئی، عام لوگ اُس سے دور ہو گئے۔ یہ لوگ جو زبانیں بولتے تھے اُن کو پراکرت کہتے ہیں، پراکرت ایک زبان نہیں تھی بلکہ الگ الگ علاقوں کی الگ الگ پراکرتیں تھیں۔

حضرت عیسیٰؑ کے پیدا ہونے کے لگ بھگ چھ سو برس پہلے ہندوستان میں گوتم بدھ اور مہابیر جیسے دھرماتماؤں کا جنم ہوا۔ اِن لوگوں نے بدھ اور جین مت پھیلایا۔ اپنی باتیں کہتے ہوئے انھوں نے یہ بھی کہا کہ مذہب اور دھرم کی ساری باتیں انھیں زبانوں میں ہوں گی جو جنتا بولتی اور سمجھتی ہیں۔ یہ دھرم خاص کر بدھ دھرم بڑی تیزی سے پھیلا اور ہندوستان سے نکل

کر برما، چین، جاپان، ملایا، انڈونیشیا، ایران اور دوسری جگہوں پر پہنچا۔ جو بات اِس وقت یاد رکھنے کی ہے وہ یہ ہے کہ بُدھ مت کی وجہ سے سنسکرت کو دھکّا لگا اور دوسری بولیاں اور زبانیں ترقّی کرنے لگیں۔ ڈیڑھ ہزار برس تک یہی سلسلہ جاری رہا۔ اِس کا مطلب یہ نہیں ہے کہ سنسکرت ختم ہوگئی، نہیں، بلکہ سنسکرت میں تو اچھے اچھے ناٹک اور اچھی اچھی کتابیں بعد ہی میں لکھی گئیں مگر اِتنا ضرور ہوا کہ دوسری زبانیں جو دبی پڑی تھیں، اُبھریں اور لوگ اُن سے بھی کام لینے لگے۔

ہندوستان لمبا چوڑا مُلک تو ہے ہی، کسی حصّہ میں کوئی پراکرت بولی جاتی تھی کسی میں کوئی۔ اب جو بُدھ مت کا مقابلہ کرنے کے لیے سادھو اور سنت پیدا ہوئے تو اُنھوں نے بھی عام لوگوں پر اپنا اثر ڈالنے کے لیے پراکرتوں ہی میں گیت اور بھجن لکھے اور دھرم کرم کی باتیں کیں۔ اُس وقت دوسری پراکرتوں یا زبانوں کا ذِکر کرنے کی ضرورت نہیں، اُتّری بھارت میں جو پراکرت بولی جاتی تھی، ہمیں اِسی سے کام ہے اِس پراکرت کو شورسینی کہتے تھے۔ اُسی کے پیٹ سے وہ بھاشائیں پیدا ہوئیں جن کو ہندوستانی، ہندی اور اُردو کہتے ہیں۔

بنگالی، مراٹھی، گجراتی، پنجابی، سِندھی، آسامی اور اُڑیا بھی نئی آریائی زبانیں ہیں یہ بھی تاریخ کا ایک دِلچسپ اتفاق ہے کہ جب مُسلمان ہندوستان میں آئے تو اِن زبانوں کی بھی ترقّی ہوئی۔

اگر اُوپر لکھی ہوئی باتیں یاد رکھی جائیں تو آگے کی کہانی اور زیادہ سمجھ میں آئے گی۔ اور معلوم ہوگا کہ ۱۰۰۰ء کے بعد سے جو نئی زبانیں ہندوستان میں بولی جانے لگیں، اِن میں ایک اُردو زبان بھی ہے، یہ زبان کہیں باہر

سے نہیں آئی، یہیں پیدا ہوئی اور یہیں کے لوگوں نے اُسے ترقّی دی، اس کی بناوٹ، اِس کا رنگ رُوپ سب ہندوستانی ہے اگر یہ زبان کسی دوسرے مُلک میں بھی بولی جانے لگیں تو یہ وہاں کی زبان نہیں بن جائے گی۔ ہندوستانی ہی رہے گی۔

۲

اُردو زبان کی ابتدا

ہم جس آسانی سے اپنی زبان بول لیتے ہیں اس سے بہت کم یہ خیال ہوتا ہے کہ اس زبان کے بننے اور شروع ہونے میں کتنا وقت لگا ہوگا کیونکہ کوئی زبان اچانک نہیں شروع ہو جاتی، دھیرے دھیرے بنتی ہے۔ مُسلمان جب یہاں آئے تو وہ کوئی نہ کوئی زبان ضرور بولتے رہے ہوں گے اور جن لوگوں میں آئے وہ بھی اپنی زبان رکھتے ہوں گے۔ آنے والوں میں عرب، ایرانی، افغانی، ترکستانی، مغل، ہر قسم کے لوگ تھے، یہاں جن جن جگہوں پر وہ لوگ گئے، وہاں الگ زبانیں اُن کو ملیں۔ یہ تو تم سمجھتے ہی ہو کہ جو لوگ باہر سے آئے تھے وہ کم ہونے کی وجہ سے یہاں کے لوگوں پر اپنی زبان لاد نہیں سکتے تھے بلکہ اپنی ضرورت کی وجہ سے یہیں کی بولی بولنے پر مجبور تھے وہ زیادہ سے زیادہ یہ کر سکتے تھے کہ یہاں کی بولیوں میں اپنے کچھ لفظ مِلا دیں، اِس طرح کچھ مِلاوٹ ہوئی مگر اصل زبان یہیں کی رہی۔

پہلے پہل مُسلمان سِندھ میں آئے، یہ آٹھویں صدی عیسوی کی بات ہے اُنھوں نے سِندھ پر قبضہ کر لیا مگر اِدھر اُدھر زیادہ پھیل نہ سکے، اِس لیے

وہاں جو نئی سندھی زبان بن رہی تھی اُس پر اُن کا کچھ اثر پڑا، مگر کوئی نئی زبان نہیں بنی۔ پھر دسویں اور گیارھویں صدی میں مُسلمان بڑی تعداد میں درّۂ خیبر کے راستے سے آنے لگے اور سارے پنجاب میں پھیل گئے اور قریب قریب دوسو سال تک اِن میں اور وہاں کے بسنے والوں میں میل جول بڑھتا رہا چونکہ ہمارے پاس اُس وقت کی زبان کے نمونے موجود نہیں ہیں اس لیے یہ بتلانا مُشکل ہے کہ وہاں کی زبان پر ایک دوسرے کے میل جول سے کیا اثر پڑا، اِسی اثر کی وجہ سے بہت سے لوگوں کا خیال ہے کہ جس کو ہم اُردو کہتے ہیں وہ پنجاب ہی میں پیدا ہوئی، یہ بات کچھ کچھ صحیح ہے کہ شروع میں ہم کو اُردو میں پنجابی کا اثر مِلتا ہے مگر صحیح بات یہ ہے کہ جس طرح پنجابی زبان بن رہی تھی اُسی طرح دِلّی کے پاس کی بولیوں میں مِل کر اُردو بھی بن رہی تھی اور جب دِلّی ہی میں دارالسلطنت بن گیا تو ہر بولی کے بولنے والے وہاں آنے لگے۔ قرب و جوار کی سب بولیاں ایک دوسرے سے مِلتی جُلتی تو تھیں ہی، یہاں اور زیادہ میل ہوا، اِس لیے شروع میں کئی اثر اُردو میں دِکھائی دیتے ہیں۔ دِلّی اور اُس کے پورب میں جو بولی بولی جاتی تھی اس کو کھڑی بولی کہا جاتا ہے، دِلّی کے پاس والی اِسی کھڑی بولی نے دھیرے دھیرے ایسا رُوپ دھار لیا کہ اِس میں ضرورت کے مُطابق فارسی، عربی، ترکی لفظ شامِل ہو گئے اور فوجوں کے ساتھ پھیلنے لگی۔ یوں ہم آسانی کے لیے کہہ سکتے ہیں کہ اُردو زبان کھڑی بولی کے اندر نِکھر کر ایسی زبان بن گئی جس میں تھوڑے ہی دِنوں میں شعر لِکھے جانے لگے اور کتابیں تیّار ہونے لگیں۔

یہ جو اُوپر کہا گیا ہے کہ فوجوں کے ساتھ دِلّی کے پاس والی بولی ہر

طرف پھیلنے لگی اِس کا مطلب یہ ہے کہ فوج میں ہر جگہ کے لوگ ہوتے تھے۔ اُنھیں ایک ساتھ رہنا اور ایک جگہ سے دوسری جگہ جانا پڑتا ہے، اب اگر وہ ایسی زبانیں نہ بولیں جسے زیادہ لوگ سمجھ سکتے ہیں تو اُن کا کام نہیں چل سکتا تھا۔ اِسی طرح تاجر بھی زبان اپنے ساتھ لے جاتے تھے دِلّی سے جو حاکم دُور دُور بھیجے جاتے رہے ہوں گے۔ پھر مذہبی کام کرنے والے صوفی لوگ ایک جگہ سے دوسری جگہ جاتے تھے اور عام لوگوں کو اپنی بات سمجھاتے تھے اِس لیے وہ زبان جو مرکز میں یعنی دِلّی میں بولی جانے لگی تھی وہ فوجوں، تاجروں، حاکموں اور صوفی فقیروں کے ساتھ مُلک کے مختلف حصّوں میں پہنچنے لگی۔

اِس بات کو ایک اور طرح سمجھا جا سکتا ہے۔ دِلّی کے بادشاہ علاؤالدّین خلجی نے دکنی ہندوستان کو جیت لیا اور تیرھویں صدی میں دِلّی کا اثر دکن میں کرناٹک تک اور پورب میں بنگال تک پھیل گیا تھوڑے دِنوں کے بعد جب تُغلق حکومت قائم ہوئی تو زبان کے بننے اور عام ہونے کے لیے کچھ اور وقت بھی مِلا اور دِلّی کا اثر بھی بڑھا۔ سب سے زیادہ دِلچسپ بات یہ ہوئی کہ مُحمّد تغلق نے ۱۳۲۷ء میں اپنا دارالسلطنت دِلّی سے ہٹا کر دیوگری یا دولت آباد کر دیا اور دِلّی کے بسنے والوں کو حُکم دیا کہ سب کے سب دولت آباد چلے جائیں۔ بادشاہ کا حُکم تھا، سب لوگ روانہ ہو گئے، اِس میں امیر، غریب، کسان، مزدُور، کاری گر، تاجر، حاکم، محکوم، بوڑھے، جوان سب شامِل تھے، یہ اپنا سامان لے گئے ہوں یا نہ لے گئے ہوں اپنی بولی اور اپنی زبان تو ضرور ساتھ لے گئے ہوں گے، اِس طرح دکن بھی اس بولی کا ایک مرکز بن گیا جو اُتّری ہندوستان میں بولی جاتی تھی۔

ابھی چودھویں صدی آدھی بھی نہیں بیتی تھی کہ دِلّی کی سلطنت کمزور

ہو گئی اور دکن میں ایک نئی حکومت قائم ہو گئی۔ یہ راج بہمنی راج کہلایا اسی طرح گجرات میں بھی ایک الگ راج کی بُنیاد پڑی۔ اِن جگہوں پر اُتری ہندوستان سے صوفی اور فقیر گئے اور عام لوگوں کی بولی میں اپنے دِل کی بات کہنے لگے، اِسی زمانے میں اُتّری ہندوستان کی دوسری زبانوں اور بولیوں میں بھگتی کے گیت گائے گئے اور راجاؤں کی تعریف میں خوب نظمیں لکھی گئیں، اور تقریباً تمام نئی زبانوں میں ادب پیدا ہونے لگا۔

مُسلمان ہندوستان میں آئے تھے وہ یہیں رہ پڑے، اِسی دیش کو اُنھوں نے اپنا دیش سمجھا، یہیں پیدا ہوئے، یہیں جیے اور یہیں مرے، یہیں کے حالات نے اُنھیں بادشاہ اور فقیر بنایا۔ اُنھوں نے بادشاہی بھی کی اور فقیری بھی۔ بادشاہ بن کر بھی اُنھوں نے یہیں کی زبان سے کام لیا اور فقیر بن کر بھی یہیں کی بولی بولے۔ اِس سِلسلے میں سب سے زیادہ اہم نام امیر خُسرو کا ہے جو امیر بھی تھے، فقیر بھی، شاعر بھی تھے، گایک بھی، بادشاہوں کے دوست بھی اور غریبوں کے یار بھی۔ اُنھوں نے فارسی میں بہت سی کتابیں لِکھیں جن سے ہندوستان کی مُحبّت پھوٹی پڑتی ہے مگر اُنھوں نے یہاں کی بولی میں جو کچھ لِکھا ہے وہ اِس لیے کبھی بُھلایا نہیں جا سکتا کہ اُس وقت اِس بولی میں لِکھنا عام بات نہیں ہے۔ اُن کی بہت سی پہیلیاں، دوہے اور گیت اب بھی لوگوں کی زبان پر ہیں۔ اُس وقت تک اُردو کی کوئی ایسی شکل نہیں بنی تھی جس سے ہم اُس کو پہچان لیں، اِس لیے اُن کی بولی کبھی کھڑی بولی یعنی ہندوستانی سے مِل جاتی ہے، کبھی برج بھاشا سے، اور کبھی کئی بولیاں مِلی ہوتی ہیں۔ بہرحال امیر خُسرو کو ہندی والے اپنا کوی سمجھتے ہیں، اُردو والے اپنا شاعر۔ اِن کی دو پہیلیاں

پڑھ کر تم کو تیرھویں اور چودھویں صدی کی دِلّی کی زبان کا اندازہ ہوگا۔

(۱) بالا تھا جب سب کو بھایا بڑا ہوا کچھ کام نہ آیا
خُسرو کہہ دیا اُس کا ناؤں بوجھو نہیں تو چھوڑو گاؤں
(چراغ)

(۲) دس ناری ایک ہی نر بستی باہر واگا گھر
پیٹھ سخت اور پیٹ نرم مُنہ میٹھا تاثیر گرم
(خربوزہ)

اِس طرح اُردو دِلّی کے قریب پیدا ہوئی اور نکھرنے لگی، دھیرے دھیرے ملک کے دوسرے حِصّوں میں پھیلنے لگی۔ شروع میں اس کا نام زبانِ ہند، ہندی ہندوی، اور دہلوی رہا۔ بعد میں زیادہ تر ہندی کے نام سے یاد کی گئی۔ جب دکن اور گجرات میں اس کا بول بالا ہوا تو دکنی اور گجری بھی کہنے لگے۔ دہلی میں شاعری کی زبان کو ریختہ کہتے تھے۔ کبھی کبھی زبان اُردوئے مُعلّٰی بھی کہا گیا مگر بعد میں اُسے زیادہ تر اُردو ہی کہا گیا۔ کبھی کبھی اِس کے لیے ہندوستانی کا نام بھی استعمال کیا گیا ہے مگر ہم اپنی آسانی کے لیے اُسے اُردو ہی کہیں گے، کیونکہ اور ناموں سے دوسری طرح کی زبانوں کا دھوکا ہو سکتا ہے۔

۳

گھر سے دُور دکنی ہندوستان میں

اِس بات کو تو ہم دیکھ ہی چُکے ہیں کہ اُردو نے اُتری ہندوستان میں پوربی پنجاب، پچھمی یوپی اور دہلی کے علاقے میں جنم لیا اور لوگ اپنی ضرورت کے لیے اِس ملی جُلی زبان سے کام لینے لگے۔ ملی جُلی زبان سے یہ مطلب ہے کہ اِس کی جڑ تو دِلّی کی بول چال کی زبان تھی مگر اِس میں فارسی، عربی اور دوسری زبانوں کے لفظ بھی اپنی بہار دِکھا رہے تھے۔ جیسے ہی کوئی بولی یا زبان بول چال کے لیے کام میں لائی جاتی ہے اُسی وقت اُس میں کتابیں نہیں لکھی جاتیں بلکہ پہلے اِس کے جُملے، فقرے، قول اور کہاوتیں ملتی ہیں پھر لوگ اس میں شعر کہنے لگتے ہیں، اور کتابیں تیّار ہونے لگتی ہیں اُتّری ہندوستان کے صُوفیوں، فقیروں اور درویشوں کے یہاں تیرھویں چودھویں صدی میں ایسے جُملے اور بول مِلنے لگتے ہیں جن کو اُردو کہہ سکتے ہیں مگر جس کو ہم شعر اور ادب کہتے ہیں، اِس کا سِلسلہ دکنی ہندوستان میں شروع ہوا۔

دکن کا سارا علاقہ برابر اُتری ہندوستان سے الگ تھلگ رہا ہے۔ پہلے زمانے میں آنے جانے کی آسانیاں بھی نہیں تھیں۔ اِس لیے وہ دُور معلوم ہوتا تھا، وہاں کے بہت سے حِصّوں میں دراوڑی زبانیں بولی جاتی تھیں

مگر مہاراشٹر میں مرہٹی تھی، گجرات میں گجراتی، جو اردو ہی کے خاندان سے تعلق رکھتی تھیں۔ جب فیروز تغلق کے زمانے میں یعنی ۱۳۴۵ء کے لگ بھگ بہمنیوں کا راج قائم ہوا تو دلی کا اثر اُس پر کم ہو گیا مگر جو زبان فوجوں، تاجروں، فقیروں اور حاکموں کے ساتھ وہاں پہنچ گئی تھی اور آپس میں بول چال کا کام دیتی تھی اِس کی جڑ مضبوط ہو چکی تھی، اِس لیے اُتری ہندوستان سے جو صُوفی فقیر گئے انھوں نے اِس سے کام لیا تاکہ اُن کی باتیں لوگ آسانی سے سمجھ سکیں، اُتری ہندوستان میں بھی ایسا ہی ہونا چاہیے تھا مگر وہاں فارسی زبان کا بہت زور تھا، اِس لیے اردو جو ایک دیسی زبان تھی دربار میں اور اونچے درجے کے پڑھے لکھے لوگوں میں پھل پھول نہ سکی، دکن میں البتہ کچھ دنوں کے اندر ہی یہ عام لوگوں سے ہوتی ہوئی راج دربار میں بھی پہنچ گئی اور بادشاہ تک اِس میں شاعری کرنے لگے۔

شاید یہ جاننا دلچسپ ہو کہ اردو کی جو سب سے پہلی کتاب ملتی ہے وہ ایک مشہور بزرگ سیّد گیسو دراز کی لکھی ہوئی کہی جاتی ہے۔ اس کتاب کا نام معراج العاشقین ہے۔ اس میں مذہب کے بارے میں گہری باتیں لکھی گئی ہیں یہ بتانا تو مشکل ہے کہ یہ کتاب کب لکھی گئی مگر سیّد گیسو دراز کے مرنے کی تاریخ ۱۴۲۱ء ہے، اس لیے ہم یہ سمجھ سکتے ہیں کہ اس سے پہلے ہی لکھی گئی ہو گی۔

سیّد گیسو دراز کے ماننے والے اور لوگوں نے بھی بعد میں اسی زبان میں شاعری کی، نثر میں کتابیں لکھیں اور وعظ کہے وہ لوگ اُس کو ہندی کہتے تھے، ہم اُسے پُرانی اردو کہہ سکتے ہیں۔ اِس پُرانی اردو کے بہت سے لفظ آج سمجھ میں نہیں آتے کیونکہ ابھی وہ زبان بن رہی تھی۔

ابھی یہ صُوفی لوگ اِس زبان سے کام لے ہی رہے تھے کہ بہمنی سلطنت ٹُوٹ پھُوٹ کر پانچ حِصّوں میں بَٹ گئی، سب میں الگ الگ بادشاہ ہونے لگے، گجُرات بھی آزاد ہو گیا۔ دکنی سلطنتوں میں سے گولکنڈہ اور بیجاپور قریب قریب دو سو برس تک قائم رہیں اور وہاں کیا بادشاہ، کیا امیر، کیا خواص، کیا عوام سب اِسی اُردو کے عاشق بن گئے، اِس بات کو ہمیشہ یاد رکھنا چاہیے کہ اگر عام لوگوں کو اِس زبان کی ضرورت نہ ہوتی اور وہ اُس کو استعمال نہ کرتے ہوتے تو بادشاہوں کی سرپرستی یا دِلچسپی سے کچھ زیادہ فائدہ نہیں ہو سکتا ہے۔

دکن میں اُردو کی اِتنی تیزی سے ترقّی ہوئی کہ وہاں سولھویں صدی اور سترھویں صدی میں ہم کو سیکڑوں شاعروں اور کتابوں کے نام مِلتے ہیں۔ بہت سی کتابیں بھی مِل گئی ہیں جو بہت دِلچسپ اور اعلا درجے کی ہیں۔ اُن کی کہانی شاید رُوکھی پھیکی لگے مگر کچھ باتیں سمجھ لینے کے بعد یہ اندازہ لگایا جا سکتا ہے کہ کِتنے دِنوں سے لوگ اِس زبان کو سنوارنے، نکھارنے، خوب صُورت بنانے اور ترقّی دینے میں لگے ہوئے ہیں۔

پہلے گولکنڈہ کو لینا چاہیے۔ وہاں کا مشہور بادشاہ مُحمّد قلی قُطب شاہ جِس نے حیدر آباد کا شہر بسایا، جس نے بہت سی عمارتیں بنوائیں، بہت سے شاعروں کو انعام دیے، خود بھی اُردو کا بہت بڑا شاعر تھا اُس نے اُردو میں پچاس ہزار سے زیادہ شعر کہے۔ اِس کا زمانہ وہی ہے جو اُتری بھارت میں اکبر بادشاہ کا تھا۔ اس کا مجموعہ کلام چھپ گیا ہے جس میں ہر طرح کے شعر سادے اور خوبصُورت ڈھنگ سے کہے ہوئے مِلتے ہیں۔ سب سے مزے کی بات یہ ہے کہ اُس نے ہندوستان کے موسموں، تیوہاروں، پھلوں،

پھولوں پر نظمیں لکھی ہیں۔ آج لوگ اُردو پر اعتراض کرتے ہیں کہ اِس میں ہندوستانی چیزوں کا ذکر نہیں ہوتا۔ اگر وہ ساڑھے تین سو برس پہلے کے اس شاعر کو دیکھیں تو اُن کو معلوم ہو گا کہ ہمارے پُرانے شاعر بھی ہندوستان سے کتنی مُحبت رکھتے تھے۔ مُحمّد قلی قُطب شاہ کے بعد اِس خاندان میں تین اور بادشاہ ہوئے۔ وہ سب بھی شاعر تھے اور بہت اچھے شعر کہتے تھے۔ جب بادشاہوں نے اِس بول چال کی زبان سے دِلچسپی لی تو پھر کیا پُوچھنا تھا، بہت سے شاعر پیدا ہو گئے، مذہبی رنگ کے لکھنے والے بھی، قِصّہ کہانی کہنے والے بھی۔ چنانچہ یہاں کے تین شاعر بہت مشہور ہوئے، اُن کے نام یہ ہیں وجہیؔ، ابنِ نشاطیؔ اور غواصیؔ۔ ویسے تو نہ جانے کِتنے شاعر ہیں مگر یہ تین بہت بڑے سمجھے جاتے ہیں۔ اُن کی زبان آسان ہے۔ یہ بھی اپنی زبان کو ہندی ہی کہتے ہیں۔ یہ فارسی عربی کے الفاظ کم استعمال کرتے ہیں۔ جو لفظ کام کے ہیں چاہے وہ سنسکرت کے ہوں، چاہے عربی کے ہوں چاہے فارسی کے، اِن کے یہاں بہت بے تکلّفی سے کام میں لائے جاتے ہیں، لِکھنے میں بھی یہ لوگ اس بات کا خیال نہیں کرتے کہ کیا صحیح ہے بلکہ یہ دیکھتے ہیں کہ کس طرح بولتے ہیں۔ جیسے بولتے تھے ویسے ہی لکھ بھی دیتے ہیں۔

یہی حال بیجاپور کا تھا، گولکنڈہ میں قُطب شاہی خاندان تھا تو بیجاپور میں عادِل شاہی، یہاں بھی اُردو کا بول بالا تھا۔ یہاں کے مشہور بادشاہ ابراہیم عادِل شاہ نے مِلی جُلی ہندی زبان میں گیتوں بھری ایک کتاب لِکھی جس کا نام نورس ہے، پوری کتاب شعروں اور گیتوں میں ہے، اُس کی زبان ہندی کی اِس شکل سے مِلتی جُلتی ہے جس کو برج بھاشا

کہتے ہیں۔ اِس بادشاہ کا زمانہ بھی وہی ہے جو اُتّر میں اکبر کا تھا۔ عادل شاہی خاندان میں بہت سے بادشاہ تو شاعر نہیں ہوئے مگر اِن کے اثر سے اور اُن کے درباروں میں بہت سے شاعر موجود تھے جن کا کلام ہم تک پہنچا ہے۔ عادل شاہی زمانے میں جو مشہور شاعر گذرے ہیں اُن میں نصرتیؔ، ہاشمیؔ، رستمیؔ کا کلام پڑھنے سے اندازہ ہوتا ہے کہ وہ بہت بڑے شاعر تھے۔ یہ شاعر کبھی فارسی کے یا سنسکرت کے سُنے سُنائے قصّوں کو اپنی زبان میں نظم کر دیتے تھے، کبھی خود قصّے سوچتے تھے، کبھی اپنے بادشاہوں یا مذہبی بُزرگوں کی تعریف میں کچھ لکھتے تھے، بیجاپور میں بھی بہت سے شاعروں کے نام مِلتے ہیں اُن کی کتابیں بھی مِلتی ہیں مگر اس چھوٹی سی کہانی میں اِن کا ذِکر ممکن نہیں۔

یہ دونوں حکومتیں اُردو کی زبردست سرپرستی کر رہی تھیں کہ مُغل بادشاہ اورنگ زیب نے ۱۶۸۶ء اور ۱۶۸۷ء میں اِن پر قبضہ کر لیا اور بہت دِنوں تک آزاد رہنے کے بعد دکن کی ریاستیں پھر دِلّی کے ماتحت ہوگئیں یہاں سے دکن کی تاریخ کا نیا باب شروع ہوتا ہے، شعر و شاعری کا چرچا ختم نہیں ہوا مگر حالات بدل گئے دکن نے اُتّری ہندوستان پر اپنا اثر ڈالا اور اُتّری ہندوستان کی زبان نے دکن کو بہت کچھ دیا۔ اب جو شاعر ہوئے اِن کا ذِکر آگے کے باب میں کیا جائے گا۔ مگر اب تک کی کہانی کو سمجھ لینے کے لیے یہ یاد رکھنا چاہیے کہ اُردو نے بڑی ترقّی کر لی تھی، اِس میں مثنوی، غزل، قصیدے، مرثیے، نثر کی کتابیں، مذہبی مسئلے، قِصّے، کہانی، ہر طرح کی چیزیں مِلتی ہیں، اِس زبان میں ایسی لچک آگئی تھی کہ اِس میں ہر طرح کا خیال بیان کیا جا سکتا تھا۔ وہی زبان جو اُتّری ہندوستان سے ایک پردیسی

کی طرح یہاں پہنچی تھی اپنے اِس نئے گھر میں بال بچوں والی بن گئی۔ اِس کی گود بھر گئی، مگر خود اپنی جنم بھوم میں اُس کو پھلنے پھولنے میں کچھ وقت لگا۔

اِن دو سو سال میں جس میں ہم اُردو کی ترقّی دیکھتے ہیں ہندوستان کی اور زبانوں کی بھی ترقّی ہوئی، برج بھاشا، اودھی، راجستھانی، مرہٹی، بنگالی سب آگے بڑھنے لگیں۔ اُس وقت الگ کوئی زبان ہندی نہیں کہی جاتی تھی، اُردو ہی کو ہندی کہتے تھے، اِس طرح ہم کہہ سکتے ہیں کہ اُردو کی عُمر ہندوستان کی نئی زبانوں میں کسی زبان سے کم نہیں ہے۔

۴

دِلّی کی شاعری

جب دکن کی ریاستیں مُغل حکومت کا ایک حِصّہ بن گئیں، اُس وقت بھی جو لوگ وہاں شاعری کر رہے ہیں وہ باقی رہے۔ انھوں نے شاعری کے چراغ کو بُجھنے نہیں دیا، اسی سے یہ بات سمجھ میں آتی ہے کہ شاعری صرف بادشاہوں اور درباروں کی وجہ سے زندہ نہیں رہتی اُسے عام لوگ زندہ رکھتے ہیں جیساکہ کہا گیا۔ جب اِس طرح اُتّر اور دکن ملے تو دونوں نے ایک دوسرے پر اثر ڈالا۔ اُتّری ہندوستان میں بول چال کی زبان تو اُردو تھی مگر اس میں شاعری بہت کم ہوتی تھی، جب یہاں کے شاعروں نے دکن کی اُردو شاعری کو دیکھا تو اُنھوں نے بھی فارسی چھوڑ کر اُردو ہی میں لکھنا شروع کیا اِدھر دکن کے شاعروں کو اُتّر کی اُردو زبان سے مدد ملی۔

اورنگ زیب کے آخری زمانے میں دکن کے سب سے مشہور شاعر ولی کا نام بہت اہم ہے اُن کو اُردو کی شاعری کا "باوا آدم" بھی کہا گیا ہے کیونکہ اب تک شاعروں میں یہ سب سے بڑے شاعر مانے جاتے تھے، ولی صُوفی مزاج انسان تھے، اِن کا اصلی وطن تو احمد آباد۔ گجرات تھا مگر وہ

کبھی اورنگ آباد میں تھے تو کبھی برہان پور میں، کبھی سُورت میں تھے تو کبھی دِلّی میں۔ اِس طرح وہ اُردو کا چراغ ہر جگہ روشن کر رہے تھے، ویسے تو اُن کی زبان گجرات اور دکن میں بولی جانے والی اُردو تھی، مگر آہستہ آہستہ اس میں صفائی اور روانی آتی گئی۔ اُنھوں نے مثنویاں، رُباعیاں اور دوسری نظمیں بھی کہی ہیں لیکن اُن کا کمال غزلوں میں ظاہر ہوتا ہے۔ بہت سے شعر تو صاف اور سادہ ہیں کہ آج کے معلوم ہوتے ہیں۔ ولّی جب دِلّی میں آئے تو اُن کی وجہ سے بہت سے شاعر اُردو میں شعر کہنے لگے اور شاعری کا چرچا عام ہوگیا، ولّی کا کلّیات کئی بار چھپ چُکا ہے۔

ولّی کے بعد دکن میں قاضی محمود بحریؔ، سراجؔ، عزلتؔ، ولّی ویلوری اور بہت سے دوسرے شاعر پیدا ہوئے۔ جو غزل، مرثیہ، مثنوی وغیرہ لکھتے رہے، لیکن اب صورتِ حال یہ تھی کہ دھیرے دھیرے دِلّی کو اہمیت حاصل ہو رہی تھی۔ دکن میں بیجاپور، اورنگ آباد، احمد آباد، حیدرآباد کے علاوہ آرکاٹ، مدراس، میسور، ویلور وغیرہ میں بھی اُردو سے دلچسپی لی جارہی تھی، اور ہر جگہ نظم و نثر میں کتابیں لکھی جارہی تھیں۔ اُتر میں بھی دِلّی کے قریب پانی پت افضلؔ اور دِلّی میں جعفر زٹلی کا کلام آخری سترھویں صدی اور شروع اٹھارھویں صدی میں مل جاتا ہے۔

جب دِلّی میں شعر و ادب کا سلسلہ شروع ہوا تو جو شاعر فارسی میں لکھتے تھے، اُنھوں نے بھی دو چار شعر اُردو میں کہے جیسے عبدالقادر بیدلؔ، خانِ آرزوؔ، فطرتؔ موسوی وغیرہ لیکن ابھی اٹھارھویں صدی کی پہلی چوتھائی بھی ختم نہ ہوئی تھی کہ اُردو کے کئی اچھے شاعر ہمارے سامنے آگئے۔ فائزؔ، حاتمؔ، آبروؔ، یک رنگؔ، ناجیؔ، انجامؔ جیسے مشہور اور اہم شاعر اسی دَور

سے تعلق رکھتے ہیں اِن میں کئی ایسے ہیں جن کے دیوان موجود ہیں۔ یہ سب زیادہ تر غزلیں لکھتے تھے، کبھی کبھی چھوٹی چھوٹی نظمیں بھی کہہ لیتے تھے، اِن میں بعض کی زبان صاف اور اندازِ بیان سادہ تھا، بعض لفظوں کو دو دو معنی میں یا مناسبت سے لانا پسند کرتے تھے۔ کچھ دن پہلے دِلّی میں برج بھاشا کی شاعری کا زور رہ چُکا تھا، فارسی میں بھی یہی رنگ رائج تھا، اِس لیے اُردو کے شاعر بھی یہی طریقہ استعمال کرنے لگے، اُن کے خیالات یا تو صوفیانہ ہوتے تھے یا عاشقانہ، یہ لوگ درباری شاعر نہیں تھے، قصیدہ اس زمانے میں نظر نہیں آتا، کوئی اچھی مثنوی بھی نہیں لکھی گئی، مرثیے بھی کم مِلتے ہیں۔ زیادہ اہمیت غزلوں کو حاصل تھی، یہ سمجھنا چاہیے کہ یہ زمانہ شاعری کی بُنیاد پڑنے کا تھا۔ اُس کے اُوپر عمارت کھڑی کرنے کا کام بعد کے شاعروں نے کیا۔

یہ تو تمھیں یاد ہوگا کہ اُردو زبان کئی سو سال سے دِلّی کے آس پاس بولی جارہی تھی، اِس لیے جب یہاں کے لوگ شاعری کی طرف متوجّہ ہوئے تو اُنھیں ایک اچھی صاف سُتھری زبان مِلی، پھر بعض شعرا نے اُسے اور نکھارنے کی کوشش بھی کی جیسے مظہرِجانجاناں اور حاتم، اِس کا اثر یہ ہوا کہ شروع ہی سے صحیح اور مناسب زبان استعمال کرنا شاعروں کے لیے ضروری ہوگیا۔ یہ بات تو بالکل واضح ہے کہ شروع شروع میں اِن شعرا پر فارسی اور بھاشا دونوں کا اثر ہوا مگر دھیرے دھیرے بھاشا کا اثر کم ہوتا گیا، فارسی سرکاری زبان تھی اِس کا اثر بڑھتا گیا، پھر بھی اُردو کی ایک آزاد حیثیت رہی۔

یہ وہ زمانہ تھا کہ دِلّی کی مُغل حکومت کا چراغ ٹمٹمانے لگا تھا، بادشاہ

کمزور تھے، ایک کے بعد دوسرے کو تخت پر بٹھایا جارہا تھا، بے امنی کی حالت تھی، اسی حالت میں نادرشاہ کا حملہ ہوا اور حکومت کی رہی سہی ساکھ بھی اُٹھ گئی، مرہٹوں، روہیلوں، جاٹوں، سکھوں کا زور بڑھنے لگا۔ جو دُور دُور تھے وہاں کے گورنر اور حاکم خودمختار ہو گئے۔ دکن، بنگال اور اودھ میں الگ حکومتیں ہوگئیں۔ اس طرح نہ تو خیالات میں کوئی جوش تھا نہ نیاپن بلکہ زوال اور غم کے اثرات زیادہ نظر آتے ہیں۔ جب حالت ایسی ہو تو اطمینان کے ساتھ کسی زبان میں ادب تیار نہیں ہو سکتا، پھر ابھی زبان میں بہت طاقت نہیں آئی تھی، مگر اس کے لیے زمین ہموار ہو رہی تھی۔ اُردو زبان کی ادب کی تاریخ میں اُس کو دہلی اسکول کا پہلا دَور کہا جاتا ہے۔ اس دَور میں تقریباً ۱۷۵۰ء تک کے شاعروں کو شامل کیا جا سکتا ہے اس کے بعد قریب قریب سو سال تک اُردو شاعری کا وہ عہد رہا جسے اُس کا سُنہرہ زمانہ کہہ سکتے ہیں، کیونکہ بے اطمینانی اور پریشانی کے باوجود اُردو شاعری نے رنگا رنگ سرمایہ جمع کر لیا۔

۵

ترقّی کا زمانہ

جب دِلّی میں اُردو شاعری کا سلسلہ قائم ہوا تو یہ اندازہ نہیں ہوتا تھا کہ اِس بُنیاد پر اِس قدر جلد شاعری کی بہت بڑی عمارت کھڑی ہو جائے گی کیونکہ ابھی تک فارسی کا اثر اِتنا تھا کہ ہر پڑھا لکھا آدمی فارسی ہی کو کلیجے سے لگائے ہوئے تھا دوسرے یہ کہ زبان میں بھی اِتنی صلاحیت نہیں پیدا ہوئی تھی کہ اِس میں ہر قسم کے اعلا درجے کی شاعری پیدا ہو سکے۔ مگر ہوا یہ کہ حاتمؔ، مظہرؔ، آبروؔ، فائزؔ وغیرہ کی روایت نے بات کی بات میں جڑ پکڑ لی، اگر دکن کے زمانۂ شاعری کو بھی شامل کریں تو اب اُردو شاعری کی عمر تین سو سال کے قریب پہنچ رہی تھی مگر اُتری ہندوستان یا دِلّی میں بہت تھوڑے سے لوگ ایسے تھے جو دِلّی کو چھوڑ کر کسی اور شاعر سے واقف رہے ہوں، اِس لیے ہم جس طرح سے بھی اِس زمانے پر نظر ڈالیں ہمیں یہ ماننا ہوگا کہ اُردو شاعری نے ترقّی کی منزلیں بہت جلد جلد طے کر لیں۔

۱۷۵۰ء کے بعد سے جن بڑے بڑے شاعروں کے نام ہم کو مِلتے ہیں اُن میں سے کچھ یہ ہیں۔ خواجہ میر دردؔ، میر تقی میرؔ، میر محمّد سوزؔ، مرزا محمّد رفیع سوداؔ،

عبدالحیؔ تاباںؔ، قیام الدین قائمؔ چاند پوری، اور انعام اللہ یقینؔ۔ یہ سب شاعر بہت اہم ہیں اور تاریخ ادب میں اِن کا مقام بہت بلند ہے۔ لیکن دردؔ، سوداؔ اور میرؔ اپنی الگ الگ اہمیت رکھتے ہیں میرؔ آسانی سے کسی کی تعریف نہیں کرتے تھے بڑا شاعر ماننا تو بڑی بات ہے اِن سے کسی نے پُوچھا کہ دِلّی میں کِتنے شاعر ہیں، تو اُنھوں نے کچھ سوچ کر جواب دیا۔ ”ڈھائی“ جب ڈھائی کا مطلب پُوچھا گیا تو کہا ” ایک میں، ایک سوداؔ دو ہوئے آدھے خواجہ میر دردؔ، کُل ڈھائی شاعر ہوئے“ اُس شخص نے کہا ”اور سوزؔ کے بارے میں کیا خیال ہے؟“ فرمایا کیا سوزؔ بھی شاعر ہیں؟ اچھا تو پاؤ وہ بھی سہی، ڈھائی نہ سہی پونے تین سہی“۔

شاید یہ قِصّہ صحیح نہ ہو لیکن اِس سے یہ ضرور معلوم ہوتا ہے کہ اِن شاعروں کو جو اہمیت حاصل تھی وہ دوسرے شعرا کو نہیں تھی۔

خواجہ میر دردؔ ایک صوفی گھرانے سے تعلّق رکھتے تھے۔اُن کے باپ خواجہ مُحمّد ناصر عندلیبؔ بھی فارسی کے شاعر تھے، اِن کے چھوٹے بھائی خواجہ میر اثرؔ اُردو کے اچھے شاعروں میں گِنے جاتے تھے، اِن کے یہاں مُشاعرے ہوتے تھے، دردؔ نے زیادہ تر غزلیں لِکھی ہیں جن میں صُوفیانہ خیالات بہت ہیں، اُن کی زبان بہت میٹھی اور خوبصورت ہے، دیوان کئی بار چھپ چُکا ہے، جس کے دیکھنے سے معلوم ہوتا ہے کہ دردؔ ایک سچّے اور بڑے شاعر تھے۔ فارسی میں شعر لِکھنے کے علاوہ اُنھوں نے کئی کتابیں بھی اِس زبان میں لِکھی ہیں۔ دِلّی میں ۱۷۸۵ء میں انتقال ہوا، اور وہیں دفن ہوئے۔

مرزا مُحمّد رفیع سوداؔ کے باپ دِلّی میں تجارت کرتے تھے اور اُن کی

گنتی وہاں کے دولت مندوں میں ہوئی تھی، اِس لیے سوداؔ نے اچھی تعلیم پائی۔ اور خوش حالی کی زندگی بسر کی، دِلّی کی حالت اچھی نہیں تھی مگر سوداؔ کو اِتنی پریشانی نہیں تھی۔ ان کے تعلقات بادشاہ سے بھی تھے اور بڑے بڑے امیروں سے بھی، مگر جب دِلّی رہنے کے قابل نہیں رہ گئی تو وہ بھی نِکلے اور فرخ آباد اور ٹانڈہ کے نوابوں کے یہاں چلے گئے جہاں اُن کی بہت عزّت ہوئی۔ اَوَدھ کی حکومت بھی قائم ہو چُکی تھی، اگرچہ اصل میں وہ حکومت دِلّی کا ایک صوبہ تھی لیکن یہ ماتحتی برائے نام تھی۔ کچھ دِن پہلے یہاں سے نواب شُجاع الدّولہ نے سوداؔ کو بلایا تھا مگر وہ نہیں گئے تھے، اب مجبوراً لکھنؤ کی طرف چلے۔ شُجاع الدّولہ کا انتقال ہو چُکا تھا اور اُن کی جگہ آصف الدّولہ گدّی پر بیٹھ چُکے تھے۔ لکھنؤ میں بھی سوداؔ کی آؤ بھگت ہوئی۔ یہاں کے شاعروں سے اِن کے مُقابلے بھی ہوئے اور ایک دوسرے کی ہجویں بھی خوب لِکھی گئیں، سوداؔ نے لکھنؤ ہی میں ۱۷۹۵ء میں انتقال کیا، وہ اُن شاعروں میں سے تھے جو ہر قسم کی شاعری میں کمال رکھتے تھے۔ غزل، مثنوی، قصیدہ، مرثیہ، ہجو، رُباعی، پہیلیاں، اُن کے دیوان میں سبھی چیزیں موجود ہیں لیکن اُن کو سب سے زیادہ کمال قصیدہ، ہجو اور مرثیہ لِکھنے میں حاصل تھا۔ اُن کی غزلیں بھی بہت اچھی ہوتی تھیں۔ لیکن اِتنی دِلکش نہیں جتنی میرؔ اور دردؔ کی غزل کے لیے جیسی سادہ زبان، گداز سے بھری ہوئی طبیعت اور عاشقانہ کیفیت کی ضرورت ہے، وہ سوداؔ کے یہاں اِتنی نہیں تھی۔ قصیدے البتّہ وہ شاندار لِکھتے تھے۔ ہجویں زہر میں بُجھی ہوئی ہوتی تھیں جس کے پیچھے پڑ جاتے

تھے اُس کے لیے مُصیبت ہو جاتی تھی۔ کہا جاتا ہے کہ اُن کا ایک مُلازم تھا جس کا نام غُنچہ تھا، وہ ہر وقت قلم دان لیے ساتھ رہتا تھا۔ جب کسی سے خفا ہوتے تھے تو کہتے تھے "لانا تو غُنچہ میرا قلم دان، ذرا اِس کی خبر لے لوں!" مگر یاد رکھنا چاہیے کہ اِن ہجوؤں میں محض لوگوں کی بُرائیاں نہیں ہوتی تھیں بلکہ اُس زمانے میں جو پریشانی، بیکاری، بد اخلاقی اور غریبی تھی، اِن سب کا بیان بھی دلچسپ مگر غمناک طریقے پر ہوتا تھا۔ ہنسی ہنسی میں رونے کی باتیں ہوتی تھیں، اسی طرح اُن کے مرثیے بھی بہت اچھے اور اثر کرنے والے ہوتے تھے۔ اِن تمام باتوں کو سامنے رکھا جائے تو یقیناً یہ ماننا پڑتا ہے کہ وہ اُردو کے بہت بڑے شاعر تھے۔

اُس زمانے کے سب سے مشہور غزل گو میر تقی میرؔ ہیں جو آگرہ کے رہنے والے تھے، اُن کے باپ جو میر علی متقی کے نام سے مشہور تھے صُوفی قسم کے آدمی تھے، نہ اُنھیں گھر کی زیادہ فکر تھی نہ میر تقی میرؔ کی۔ اُس پر یہ غضب ہوا کہ ابھی میرؔ کی عُمر گیارہ بارہ سال کی تھی کہ باپ اِس دُنیا سے سُدھار گئے۔ میرؔ کے سوتیلے بھائیوں نے اُنھیں بہت تکلیف دی، اِس کا ذکر اُنھوں نے اپنی فارسی سوانح عُمری "ذکرِ میرؔ" میں بڑے دردناک ڈھنگ سے کیا ہے۔ اِسی حالت میں میرؔ آگرہ سے دِلّی چلے گئے۔ وہاں تکلیفیں جھیلتے رہے، طرح طرح کی نوکریاں کرتے رہے، درمیان میں کچھ دِنوں کے لیے دماغ پر بھی اثر ہو گیا تھا، پریشانی کی انتہا نہیں رہ گئی تھی۔ ایک طرف دِلّی کی حالت خراب تھی دوسری طرف خود میرؔ کی، اُنھوں نے اِس کا سارا کڑواپن اپنی غزلوں میں بھر دیا۔

ان کی زبان لوچ دار اور اثر کرنے والی ہے۔ جو بھی اُن کے شعر پڑھے گا اُسے معلوم ہوگا کہ یہ باتیں سچّے دِل سے نکلی ہیں۔ اُن کے مِزاج میں غم بھی تھا اور غُصّہ بھی، اِس لیے وہ بہت نازک مِزاج ہو گئے تھے۔ جب دِلّی میں گذر نہ ہوا اور اُنھیں بھی مجبوراً لکھنؤ آنا پڑا تو یہاں بڑی آؤ بھگت ہوئی۔ آصف الدّولہ نے اپنے برابر بٹھایا مگر کسی بات پر میرؔ اِس طرح بِگڑے کہ پھر دربار نہیں گئے۔ ۱۸۱۰ء میں لکھنؤ ہی میں انتقال کیا۔

میرؔ نے بھی غزلوں کے علاوہ قصیدے، مثنویاں، مرثیے، رُباعیاں اور دوسری طرح کی نظمیں لکھی ہیں، مگر اُن کی اصل شُہرت غزل کی وجہ سے ہے، مثنویاں بھی بہت اچھی اور پُر اثر ہیں، نظموں سے اِس زمانے کی عام حالت معلوم ہوتی ہے اور میرؔ کے سمجھنے میں مدد ملتی ہے، میرؔ کے چھ دیوان ہیں، اِن کے علاوہ فارسی میں تین کتابیں ہیں، میرؔ کو تمام بڑے بڑے شاعروں نے زبانِ اُردو کا سب سے بڑا غزل گو مانا ہے۔

محمد میر سوزؔ بھی دِلّی کے اچھے شاعر تھے، مگر دِلّی میں رہنا مُمکن نہ رہا تو لکھنؤ آئے، کچھ دِن اِدھر اُدھر رہے پھر آصف الدّولہ نے اُنھیں اپنا اُستاد بنا لیا مگر تھوڑے ہی دِن یہ اطمینان حاصل ہوا کہ مر گئے۔ آصف الدّولہ خود اُردو کے بہت بڑے شاعر تھے اور شاعروں کی عزّت کرتے تھے۔ اُن کا کئی سو صفحوں کا دیوان موجود ہے مگر چھپا نہیں ہے وہ زیادہ تر غزلیں لِکھتے تھے۔

دِلّی کے دوسرے شاعروں میں تاباںؔ، فغاںؔ، مضموںؔ، ممنونؔ، میر ضاحکؔ، یقینؔ اور قائمؔ بھی بہت مشہور ہیں۔ اِن میں سے

فغاںؔ اور میر ضاحک اَودھ چلے آئے تھے، بعد میں فغاںؔ پٹنہ چلے گئے اور وہیں اُن کا انتقال ہوا۔ جن شاعروں کا ذِکر ہوا، اگرچہ اُن میں سے زیادہ تر دِلّی چھوڑ کر اَودھ کی طرف چلے گئے۔ لیکن اِن سب شاعروں کو دِلّی ہی کا سمجھا جاتا ہے، کیونکہ اُن کی عُمر کا بڑا حِصّہ وہیں گذرا تھا۔

۶

پچّھم سے پُورب تک

اورنگ زیب کے بعد سے دِلّی میں مُغل بادشاہت تو قائم رہی لیکن آہستہ آہستہ اِس میں گھُن لگتا گیا۔ مضبوط، بیدار مغز اور بڑے بادشاہوں کا زمانہ ختم ہوا اور شاہی نظام کمزور پڑ گیا۔ نتیجہ یہ ہوا کہ اٹھارھویں صدی ختم ہوتے ہوتے بہت سی نئی طاقتیں اُبھر آئیں۔ مرہٹے، جاٹ، سِکھ، روہیلے طاقتور ہو گئے۔ باہر سے حملے ہونے لگے۔ چنانچہ نادر شاہ دُرّانی اور احمد شاہ ابدالی نے دِلّی کو تباہ کر دیا۔ پھر یہی نہیں ہوا بلکہ جو علاقے اور صُوبے دُور دُور تھے، وہ آزاد ہو گئے اور اُن کا تعلّق دِلّی سے برائے نام رہ گیا۔ اِن تمام باتوں کے علاوہ انگریز اور فرانسیسی طاقت پکڑ گئے، خاص کر انگریزوں کی ایسٹ انڈیا کمپنی نے تو ہر طرف اپنا اثر بڑھا لیا، یہاں تک کہ جب ۱۷۵۷ء میں پلاسی کی لڑائی میں انگریزوں کی جیت ہوئی تو اُن کے حوصلے بڑھ گئے اور تھوڑے ہی دِنوں کے بعد اُنھوں نے دِلّی کے بادشاہ، شاہ عالم کو الٰہ آباد میں نظر بند کر دیا اور وظیفہ دینے لگے۔ بنگال کا انتظام انگریزوں نے اپنے ہاتھ میں لے لیا۔ اُس کا نتیجہ یہ ہوا کہ نئی نئی حکومتیں قائم ہو گئیں۔ اُنھیں نئی

حکومتوں میں ایک اودھ کی حکومت بھی تھی جو کچھ دنوں تک تو مغل بادشاہوں کے وزیروں کی حکومت کہلائی پھر بالکل آزاد ہوکر بادشاہت بن گئی اس حکومت کے پہلے اہم حاکم نواب شجاع الدّولہ تھے، انھوں نے دلّی سے شاعروں، کاری گروں اور دوسرے لوگوں کو بلاکر اپنے دربار کی رونق بڑھائی، کہا جاتا ہے کہ انھوں نے مرزا رفیع سوداؔ کو خط لکھ کر بلایا تھا اور خط میں انھیں بھائی لکھا تھا مگر سوداؔ نہ آسکے حالانکہ تھوڑے دنوں کے بعد انھیں آنا پڑا۔ اس طرح میر ضاحکؔ، سوداؔ، سوزؔ اور کچھ دنوں کے بعد میرؔ سبھی لکھنؤ آگئے۔ جیسا کہ بیان کیا جا چکا ہے اس کا نتیجہ یہ ہوا کہ یہاں شعرو شاعری کا چرچا بڑے زوروں پر ہونے لگا۔ شجاع الدّولہ کے بعد آصف الدّولہ نواب وزیر ہوئے تھے، وہ خود شاعر تھے اور شاعروں کی عزّت کرتے تھے، انھوں نے سوزؔ کو اپنا اُستاد بنالیا۔ سوداؔ کو خلعت دیا اور میرؔ کی تنخواہ مقرّر کردی، اِن شاعروں نے جو کچھ چھوڑا ہے وہ اُردو کے خزانے میں قیمتی جواہرات کی حیثیت رکھتا ہے۔ اِن کا ذکر پچھلے باب میں ہو چکا ہے یہاں ان کا بیان دوبارہ اِس لیے کیا گیا کہ اودھ میں جو شاعری کی روایتیں قائم ہوئیں اِن کا سلسلہ ذہن میں قائم ہو جائے۔

ابھی سوداؔ اور میرؔ کا زمانہ ختم نہیں ہوا تھا کہ لکھنؤ کے افق پر نئے ستارے چمکے، یہ ستارے بھی پچھم ہی سے آئے تھے اِن میں زیادہ مشہور غلام ہمدانی مصحفیؔ، یحییٰؔ، امانؔ، جراَت اور انشاء اللہ خاں انشاؔ ہیں، گو ان سبھوں کی شاعری دِلّی میں شروع ہو چکی اور شہرت بھی حاصل کر چکی تھی مگر جب یہ لوگ لکھنؤ پہنچے تو یہاں کی دُنیا دِلّی سے مختلف معلوم ہوئی۔ یہاں نئی حکومت کی امنگ تھی، رنگ رلیاں تھیں، عیش تھا،

میلے ٹھیلے تھے، نتیجہ یہ ہوا کہ شاعری میں چھیڑ چھاڑ شروع ہو گئی۔ایک دوسرے کی ہجویں لکھی جانے لگیں اور شاعری میں رنگینی اور مزے کی تلاش حد سے زیادہ بڑھ گئی۔ عشق و عاشقی، محبت اور رقابت کا ذکر تو ہمیشہ سے شاعری میں ہوتا رہتا ہے، اب یہ ذرا کھل کر ہونے لگا۔ کبھی کبھی یہ باتیں اتنی زیادہ کھل کر کہی جانے لگیں کہ اُن میں بداخلاقی کی جھلک پیدا ہو گئی۔ بہر حال یہ سب بہت بڑے شاعر تھے۔ مصحفی نے اپنے آٹھ دیوان مرتب کر لیے جو بد قسمتی سے اب تک نہیں چھپے ہیں۔ اُنھوں نے زیادہ تر غزلیں لکھی ہیں اور اُسی کی وجہ سے مشہور ہیں لیکن اُن کے قصائد اور مثنویاں بھی پڑھنے کے قابل ہیں۔ اُنھوں نے اردو اور فارسی شاعروں کے تین تذکرے بھی لکھے ہیں، جن میں تذکرہ ہندی سب سے زیادہ مشہور ہے۔ اِن سے اور انشاؔ سے بہت جھڑپیں ہوا کرتی تھیں اور اُن کی وجہ سے کبھی کبھی سارے شہر میں دھوم مچ جاتی تھی۔ جرأت نے بھی زیادہ تر غزلیں لکھی ہیں، کہا جاتا ہے کہ وہ اندھے تھے اور اپنی غزلیں بڑے اچھے انداز سے پڑھتے تھے مگر اِن میں خرابی یہ تھی کہ وہ کبھی کبھی عشق و محبت کا ذکر بالکل بازاری ڈھنگ سے کر دیتے تھے۔ انشاؔ بہت پڑھے لکھے تھے، کئی زبانیں جانتے تھے مگر اُن کو دربار کی فضا نے خراب کر دیا۔ وہ شاعری میں ہر طرح کے تجربے کرتے تھے اور اپنی ذہانت سے غلط کام لیتے تھے اُنھوں نے قصیدے، مثنویاں، ہجویں اور غزلیں لکھی ہیں اردو زبان کی خصوصیتوں کے متعلق فارسی میں ایک مشہور کتاب دریائے لطافت لکھی ہے جس سے اُن کی لیاقت کا پتہ چلتا ہے۔اُس کے علاوہ اُنھوں نے اردو نثر میں دو کہانیاں بھی لکھی ہیں۔ انشاؔ کی آخری عمر کی کہانی

بڑی دردناک ہے کیونکہ وہ دربار کی پابندیوں اور گھریلو مُصیبتوں کی وجہ سے پاگل ہوگئے تھے۔ اُن کے ایک دوست سعادت یار خاں رنگین تھے انھوں نے انشاؔ کے ساتھ مل کر ایک خاص قسم کی شاعری شروع کی تھی جسے "ریختی" کہتے ہیں۔ اِس شاعری کی خصوصیت یہ تھی کہ اِس میں عورتوں کی زبان میں شعر کہے جاتے تھے اور شعر بھی ایسے ہوتے تھے جن میں عورتوں ہی کی زندگی کے معاملات ہوتے تھے۔ زبان کے نقطۂ نظر سے یہ پڑھنے کی چیز ہیں مگر کبھی کبھی اِن میں گندی اور فحش باتیں بھی آجاتی ہیں اور ہر شخص اُنھیں پسند نہیں کر سکتا۔

اِس زمانے کے دوسرے شعراء میں میر حسنؔ کو بہت زیادہ اہمیت حاصل ہے، وہ میر ضاحکؔ کے بیٹے تھے۔ اُنھوں نے غزلیں بھی لکھی ہیں اور شاعروں کا ایک تذکرہ بھی تصنیف کیا ہے جس سے اُس زمانے کے شاعروں کے متعلق دلچسپ باتیں معلوم ہوتی ہیں لیکن اُن کی اصل شہرت اُن کی مثنویوں کی وجہ سے ہے خاص کر اُن کی مثنوی "سحرالبیان" جس میں شہزادہ بے نظیرؔ اور شہزادی بدر منیرؔ کا قصّہ بیان کیا گیا ہے، بہت دلچسپ ہے، یہ مثنوی قصّے کے لحاظ سے تو پُرلطف ہے ہی، اِس سے اُس وقت کے رسم و رواج، رہن سہن، علم و فن اور زندگی کے بارے میں بہت سی باتیں معلوم ہو جاتی ہیں، اُس میں جذبات کا بیان سچّے انداز میں پیش کیا گیا ہے اور مناظرِ قدرت کی تصویر کشی میں کمال دِکھایا گیا ہے۔

مختصر یہ کہ جب دِلّی کی بہار لُٹی تو اودھ میں نئی بِساط جمی اور تھوڑے ہی دِنوں کے اندر وہاں کے در و دیوار سے شعر کی آوازیں آنے لگیں۔

دربار کی طرف سے بھی شاعروں کی ہمّت افزائی ہوئی تھی اور عام لوگ بھی دِلچسپی لیتے تھے۔یہاں تک کر لکھنؤ کا اپنا الگ طرزِ شاعری بن گیا جسے عام طور سے "لکھنؤ اسکول" یا "دبستان لکھنؤ کی شاعری" کہتے ہیں۔ ابھی تک تو جن شاعروں کا ذِکر ہوا ہے وہ دِلّی ہی سے آئے تھے، اُن کی وجہ سے زبان، بیان اور خیالات میں زیادہ تر تو دِلّی ہی کا رنگ تھا مگر کچھ تبدیلی پیدا ہونے لگی تھی، بعد میں یہ فرق بہت واضح ہوگیا۔اِس کا ذِکر آگے آئے گا۔

۷

نظیر اکبر آبادی

جس طرح ایک چمن میں طرح طرح کے پھول ہوتے ہیں اور اپنی اپنی بہار الگ الگ رکھتے ہوتے سب مل کر چمن کی رونق بڑھاتے ہیں، اسی طرح اُردو شاعری کے گلزار میں بھی رنگ رنگ کے پھول کھلے، جن کی خوشبو اس وقت تک پھیلی ہوتی ہے، انھیں میں سے ایک نظیر اکبر آبادی تھے جو اپنے رنگ میں یکتا ہیں۔ نظیر کا نام ولی محمد تھا، دہلی میں پیدا ہوتے تھے لیکن ساری عمر آگرہ میں بسر کی جسے اس وقت زیادہ تر اکبر آباد کہا جاتا ہے۔ نظیر اپنے کو ہمیشہ آگرے کا ہی سمجھتے رہے اور اُسی کے گیت گاتے رہے۔ آگرہ میں ان کا کام لڑکوں کو پڑھانا تھا۔ لالہ بلاس رائے کے کئی لڑکے اُن سے فارسی پڑھتے تھے سو وہ اُن کو سترہ روپے مہینہ دیتے تھے، ایک وقت کا کھانا بھی وہیں کھاتے تھے، ایک دن بلاس رائے کا ایک لڑکا کھانے کے ساتھ باپ کی دُکان میں سے اچار لایا۔ نظیر کھانے بیٹھے تو کیا دیکھتے ہیں کہ اچار میں ایک چوہا ہے۔ اُسی وقت اُنھوں نے ایک مزے دار نظم چوہوں کا اچار کہہ ڈالی۔ نظیر نے اُس زمانے کی عام دلچسپی کو دیکھتے ہوتے غزلیں بھی بہت کہی ہیں مگر ان کا کمال روزمرہ کی زندگی

سے متعلق واقعات اور تجربات پر نظمیں لکھنے میں ظاہر ہوتا ہے، اُنھوں نے بچّوں کی زندگی اور کھیل کُود کے بارے میں، جوانوں کی رنگ رلیوں کے بارے میں اور بُوڑھوں کی فکروں کے بارے میں بہت سی دلچسپ نظمیں لکھی ہیں۔ آٹا، دال، روٹی، غریبی، پیسے کوڑی، تِل کے لڈّو، کورے برتن، لکڑی، ہر طرح کی چیز شاعری کے لیے چُنی ہے۔ اُنھوں نے ہولی، دیوالی، عید، شب برات، محرّم، پیَراکی کے میلے پر نظمیں تیار کی ہیں۔ برسات جاڑا، گرمی، اوس، آندھی، اندھیری رات، صبح و شام، ہر چیز کو نظم کا لباس پہنایا ہے۔ مُسلمان مذہبی بُزرگوں کے علاوہ گرو نانک، مہادیو جی، کرشن کنہیا پر بہت سی نظمیں لکھی ہیں۔ کبوتر، ریچھ، گلہری، سارس، سبھی کو نظم کے لائق سمجھا ہے۔ پھر اُن کے علاوہ زندگی اور موت، انسان کے دُکھ سُکھ، زمانے کے انقلاب پر اعلا پایہ کی شاعری کی ہے اور یہ دیکھ کر تعجّب ہوتا ہے کہ ایک ہی آدمی یہ ساری باتیں کیسے دیکھتا اور اُن سے مزا لیتا تھا۔ نظیرؔ ہندوستانی زندگی کے نہ جانے کِتنے پہلوؤں اور کِتنی چیزوں سے واقف تھے اُس کا سبب یہ تھا کہ وہ عام لوگوں کے درمیان میں رہتے اور اُن کے دُکھ سُکھ میں شریک تھے۔

نظیرؔ ۱۷۴۰ء کے قریب پیدا ہوتے تھے، اُس زمانے میں دِلّی میں شاعری کا بڑا چرچا تھا، آگرہ بھی شاعری کا بڑا مرکز تھا لیکن درباری اثر سے کچھ ایسا ڈھرّا بن گیا تھا کہ عام لوگوں اور عام باتوں کی طرف کوئی توجّہ ہی نہیں کرتا تھا۔ نظیرؔ نے شاعری کے آسمان سے اُتر کر زمین کی چیزوں کو دیکھا تو اِن میں بھی اُن کو بڑی خوب صُورتی نظر آتی اور عام لوگوں سے اُن کا دل ایسا ملا کہ اُنھوں نے بادشاہوں، امیروں اور درباروں کی طرف رُخ نہیں

کیا۔ حیدر آباد سے طلب کیے گئے، بھرت پُور کے مہاراجہ نے روپیہ بھیج کر بُلایا، آودھ کے دربار نے اپنے یہاں آنے کی خُواہش ظاہر کی مگر یہ کہیں نہیں گئے۔ ایسا معلوم ہوتا ہے کہ وہ تاج محل سے دُور نہیں ہونا چاہتے تھے اور یہ بھی سمجھتے تھے کہ دوسری جگہ جاکر پابندیاں بڑھ جائیں گی۔ کہا جاتا ہے کہ جب بھرت پُور کے مہاراجہ نے بلانے کے لیے آدمی بھیجا تو وہ پانچ سو روپے کی ایک تھیلی لایا، نظیر نے اُسے لے جاکر گھر کے اندر رکھ تو دیا لیکن چوروں کے ڈر سے رات بھر نیند نہیں آئی، صُبح کو اُٹھ کر وہ تھیلی اُس آدمی کو واپس کردی اور کہا کہ جاکر میرا سلام کہہ دینا، میں نہیں جاسکتا، آدمی نے تعجب سے وجہ پوچھی اور کہا کہ کل تو آپ چلنے پر تیار تھے، آج کیا بات ہوئی، کہنے لگے کہ جب پانچ سو روپے رات بھر میں میری جان کے لیے مُصیبت بن گئے تو مُجھے دربار سے روپے پاکر کیا خوشی ہوگی میں یہ مُصیبت نہیں پالوں گا۔

تو یہ نظیر اکبرآبادی تھے۔ اُنھوں نے قریب قریب نوّے سال کی عُمر پائی، بُڑھاپے میں کئی دفعہ فالج گرا اور آخر کار ۱۸۳۰ء میں ان کا انتقال ہوا۔ ان کے بیٹے خلیفہ گلزار علی اسیر ان کے شاگرد بھی تھے۔ اور اسی رنگ کی شاعری کرتے تھے۔ نظیر کے کچھ شاگرد بھی تھے۔ جن میں قُطب الدّین باطن مشہور ہیں۔ نظیر کی زندگی ایسی صاف سُتھری اور پاک تھی کہ بہت سے لوگ ان کو ولی سمجھتے تھے۔ جب اُن کا انتقال ہوا تو ان کے بیٹے گلزار علی کو اُن کا خلیفہ سمجھا گیا۔ آگرہ میں بہت دِنوں تک نظیر کے مزار پر عُرس ہوتا رہا۔

نظیر کی شاعری چونکہ دوسرے شاعروں کے کلام سے مختلف تھی، اِس لیے بہت دِنوں تک اُن کو کوئی اہمیت نہیں دی گئی، بلکہ یہ کہا گیا کہ وہ

بازاری قسم کی شاعری کرتے تھے لیکن آہستہ آہستہ اُن کی عزّت کی جانے لگی۔ موجودہ زمانے میں اُن کی گنتی اُردو کے بڑے شاعروں میں ہوتی ہے، اُنھوں نے فارسی میں بھی کچھ کتابیں لکھی ہیں۔ ہندی، پنجابی، پُوربی زبانوں سے بھی واقف تھے اور جو بول چال کی عام زبان تھی اُس کا استعمال بڑی خوب صُورتی سے کرتے تھے۔ لیکن کبھی کبھی وہ زبان کی غلطیاں بھی کرتے تھے۔ عام لوگوں کے خیال سے معمولی یا گندی باتیں بھی لکھ جاتے، مگر جس سچّائی سے وہ خیالات ظاہر کرتے تھے وہ بہت کم لوگوں کے حِصّہ میں آتی ہے۔

نظیرؔ کا ذِکر الگ سے اِس لیے کیا گیا کہ وہ نہ تو دِلّی کے رنگ سے تعلّق رکھتے تھے نہ لکھنؤ کے رنگ سے، اُن کی دُنیا الگ ہے، اُن کے خیالات الگ ہیں، اُن کی شاعری کا معیار الگ ہے اُن کی شاعری سمجھنے کے لیے عام انسانوں کی زندگی اور خیالات عادات واطوار، رسم و رِواج، دِل چسپیوں اور تفریحوں سے واقف ہونا ضروری ہے۔ نظیرؔ کا دیوان اُردو ہی میں نہیں ہندی میں بھی کئی بار چھپ چُکا ہے۔ آج اُن کو اُردو کے بڑے شاعروں میں گِنا جاتا ہے۔

۸

دبستانِ لکھنؤ

اِس بات کی طرف اِشارہ کیا جا چُکا ہے کہ جب مُغل حکومت کمزور ہو گئی اور وہاں کی حالت روز بروز بِگڑنے لگی تو بہت سے شاعر اَودھ کے دربار میں چلے آئے اور دِلّی ہی کی طرح لکھنؤ بھی اُردو شعرو ادب کا ایک بڑا مرکز بن گیا۔ کچھ دِن گزر جانے کے بعد لکھنؤ کی شاعری میں کچھ ایسی خصوصیتیں پیدا ہو گئیں کہ لکھنؤ کا رنگ دِلّی کے رنگ سے الگ معلوم ہونے لگا۔ یہ تبدیلی زیادہ تر زبان، اندازِ بیان، صنعتوں کے استعمال اور خیالات اور جذبات کے انتخاب میں ظاہر ہوئی۔ زبان وہی اُردو ہے، چند الفاظ، چند محاورات، کچھ لفظوں کی تذکیر و تانیث اور سب سے بڑھ کر لب و لہجہ کا فرق ہے۔ تشبیہ اور استعارے، مختلف صنعتیں دِلّی کے شاعر بھی استعمال کرتے تھے لیکن لکھنؤ میں اِن کا استعمال زیادہ ہونے لگا کبھی تو ایسا معلوم ہونے لگتا ہے کہ شعر صرف لفظوں یا محاوروں کے لیے ہی کہا گیا ہے، زبان کی صحت وغیرہ پر ضرورت سے زیادہ زور دیے جانے کی وجہ سے خیالوں کی طرف توجہ کم ہو گئی بلکہ یہ ہوا کہ معمولی گندے، بناوٹی اور بے کیف خیالوں کو بھی دِلچسپ طریقے سے ادا

کرنے کو شاعری سمجھا جانے لگا۔ شاعری بہت کچھ رُوکھی پھیکی ہو گئی اور جو رنگینی پیدا کی گئی وہ محض بناوٹی پھولوں کی طرح خوشنما تھی۔ یہ بات سب شاعروں کے لیے دُرست نہیں مگر عام رنگ ضرور تھا۔

لکھنؤ کی شاعری کے اِس دَور میں تین چیزوں کی طرف خاص توجّہ دی گئی، ایک غزل دوسرے مرثیہ تیسرے مثنوی۔ غزل گوئی میں سب سے اہم نام شیخ اِمام بخش ناسخ اور خواجہ حیدر علی آتش کے ہیں اور پھر اُن کے شاگردوں مثلاً اوسط علی رشک، مُنیر شکوہ آبادی، وزیر، رند، بحر، ضیا، خلیل، پنڈت دَیا شنکر نسیم وغیرہ نے اِن دونوں اُستادوں کے رنگ کو چمکایا۔ مرثیہ گویوں میں میر خلیق، میر ضمیر، مرزا سلامت علی دبیر اور میر ببر علی انیس بڑی اہمیت رکھتے ہیں، خاص کر مرزا دبیر اور میر انیس اور اُن کے خاندان والوں نے تو اپنے مرثیوں سے اُردو شاعری کے دامن کو مالامال کر دیا۔ اُس کا ایک سبب یہ بھی تھا کہ لکھنؤ کے نوابوں اور بادشاہوں کو اعتقاد شیعہ مذہب پر تھا۔ مُحرم بہت دُھوم سے ہوتا تھا۔ اِس لیے مرثیے کو بھی ترقّی کرنے کا موقع مِلا۔ یہاں یہ بھی نہیں بھُولنا چاہیے کہ لکھنؤ میں ہولی، بسنت اور دیوالی کے تیوہار بھی دُھوم سے منائے جاتے تھے اور میلے بھی بڑے پیمانے پر ہوتے تھے جن میں ہندو مُسلمان سب بڑے شوق سے شریک ہوتے تھے۔

اَودھ کی سلطنت مُغل حکومت ہی کا ایک حِصّہ تھی، کئی پُشتوں تک یہاں کے نواب مُغل حکومت کے وزیر سمجھے جاتے تھے یہاں تک کہ آصف الدّولہ کے بعد اُن کے بھائی سعادت علی خاں تخت پر بیٹھے تو اُن کا تعلق دِلّی سے برائے نام تھا مگر وہ بھی بادشاہ نہیں کہے جاتے

تھے۔ اِس زمانے میں ویسے تو مرہٹوں، جاٹوں، سِکھوں، روہیلوں سبھی نے طاقت حاصل کرنا شروع کر دیا تھا مگر سب سے زیادہ طاقت انگریزی ایسٹ انڈیا کمپنی کو حاصل ہو گئی تھی اور وہ ایک طرح سے یہاں کی قِسمت کا فیصلہ کر رہی تھی۔ پلاسی کی لڑائی کے بعد سے انگریز بنگال اور بہار پر قابض تھے۔ مدراس وغیرہ کا علاقہ اِن کے پاس تھا، میسور، نظام اور مرہٹے سب اِن کے قابو میں تھے۔ دِلّی کے بادشاہ اُن کے رحم وکرم پر تھے اور اَودھ میں اُن کا دَور دورہ تھا۔ اُنھوں نے آصف الدّولہ اور بہو بیگم کو سَتا کر لاکھوں روپے اِن سے وصول کیے تھے۔ سعادت علی خاں سے اَودھ کی سلطنت کا ایک حِصّہ لے لیا تھا اور غازی الدّین حیدر سے حفاظت کے نام پر فوجوں کے خرچ کے لیے ایک بڑی رقم وصول کرتے تھے اُس کے صلہ میں اُن کو بادشاہ کا خطاب دیا گیا۔ اِس طرح اَودھ کی سلطنت میں بادشاہت قائم ہو گئی مگر یہ بادشاہت ایسی ہی کمزور تھی جیسی مُغل سلطنت، ہاں ظاہری حالت ضرور اچھی معلوم ہوتی تھی اور اُسی کا اثر تھا کہ دِلّی کے شاعری کے مُقابلہ میں لکھنؤ میں نِشاط اور خوشی، لُطف اور رنگینی کا احساس زیادہ ہوتا ہے۔

خیر، تو شیخ اِمام بخش ناسخ اِس زمانے کے سب سے بڑے شاعر مانے جاتے ہیں، اُن کی ابتدائی زندگی کے بارے میں زیادہ معلومات نہیں، کہا جاتا ہے کہ شیخ خُدا بخش نے اُن کو پالا تھا اور اعلا تعلیم دِلائی تھی۔ ناسخ کے شاگردوں میں لکھنؤ کے بہت سے اُمرا تھے۔ آغا میر جو وزیر تھے اور جن کی ڈیوڑھی مشہور ہے، فقیر محمد خاں گویا جو رسالدار تھے، ناسخ ہی کے شاگرد تھے۔ اُن کے یہاں ادب اور شعر سے دِلچسپی لینے والوں کی

بھیڑ لگی رہتی تھی۔ بادشاہ غازی الدّین حیدر ناراض ہو گئے اِس لیے ناسخ کو بہت دِنوں تک کانپور اور الہ آباد میں رہنا پڑا۔ وہ پہلوان تھے اور اُن کا رنگ کالا تھا۔ اِس لیے لوگ اُن پر چوٹیں بھی کرتے تھے اِس زمانے کے دوسرے مشہور شاعر خواجہ آتش سے اُن کی چوٹیں چلتی رہتی تھیں۔ ناسخ نے زیادہ تر غزلیں ہی کہی ہیں۔ ایک مثنوی بھی لکھی ہے اور بہت سے اچھے قطعاتِ تاریخ لکھے ہیں۔ اُن کی شاعری میں بناوٹ اور بے اثری بہت ہے، لفظوں کی صحت اور اصولِ شاعری کا بہت خیال کرتے تھے اور جذبات کی طرف توجہ کم تھی، ۱۸۳۷ء میں انتقال کیا۔

ناسخ کے مدمقابل خواجہ حیدر علی آتش نے بھی غزلیں ہی کہی ہیں۔ وہ فیض آباد میں پیدا ہوئے تھے، باپ کے جلد انتقال کرنے کی وجہ سے اچھی تعلیم نہ حاصل کر سکے۔ سپاہیانہ زندگی بسر کرتے تھے، لکھنؤ میں شعر و شاعری کا چرچا دیکھ کر مصحفی کے شاگرد ہو گئے اور تھوڑے دِنوں میں خود اُستاد گِنے جانے لگے اُن کے بہت سے شاگرد تھے جن میں نسیم، رند اور خلیل مشہور ہیں۔ آتش مُفلسی کا ہمیشہ شکار رہے۔ طبیعت میں آزادی اور خود داری تھی، کسی کا احسان نہیں لینا چاہتے تھے، جو کچھ پاتے تھے غریبوں میں بانٹ دیتے تھے۔ اُن کی طبیعت تصوّف کی طرف مائل تھی اور شاعری کے لیے جذبات کی گرمی کو ضروری سمجھتے تھے۔ ویسے تو اُس زمانے میں رعایت لفظی کا زور تھا آتش بھی اِس سے بچ نہ سکے لیکن اُن کی غزلوں میں جذبات نگاری، روانی، مستی اور کیفیت زیادہ ملتی ہے اِس لحاظ سے وہ اعلا پائے کے شاعروں میں گِنے جاتے ہیں۔ اُن کی غزلوں

کے دیوان ہیں جو چھپ چکے ہیں۔ ۱۸۴۷ء میں آتش نے انتقال کیا۔

ناسخ کے شاگردوں میں رشک اور وزیر بہت مشہور ہوئے۔ رشک نے اُستاد کے کام کو جاری رکھا اور اُن کے اصولِ شاعری سے کام لیا۔ لُغت کی کتابیں مُرتّب کیں اور بہت سی غزلیں کہیں آتش کے شاگردوں میں سب سے مشہور پنڈت دیا شنکر نسیم ہیں جو ایک کشمیری برہمن تھے۔ بتّیس ۳۲ سال کی عُمر میں انتقال کر گئے لیکن اپنی مثنوی گلزارِ نسیم کی وجہ سے ہمیشہ زندہ رہیں گے اِس مثنوی میں گُلِ بکاؤلی کا مشہور قِصّہ بڑی خوبی سے نظم کیا گیا ہے اور اُس میں شاعری کی وہ ساری فنّی خوبیاں موجود ہیں جن کے لیے لکھنؤ مشہور رہے۔

مرثیہ نگاری کی ترقّی کا زمانہ بھی یہی ہے۔ ویسے تو مرثیے دکنی شاعروں نے بھی لِکھے تھے۔ شروع شروع میں دِلّی میں بھی بہت سے شاعروں نے مرثیہ گوئی میں نام پیدا کیا لیکن سب سے پہلے جس شاعر نے مرثیہ میں ادبی حُسن پیدا کیا وہ مرزا سوؔدا تھے۔ اُنھوں نے بہت سے مرثیے لِکھے اور مختلف شکلوں میں۔ مرثیہ یوں تو ہر ایسی نظم کو کہتے ہیں جس میں کسی کے مرنے پر رنج وغم کا اظہار کیا گیا ہو لیکن اُردو میں زیادہ تر مرثیے اِمام حُسینؑ اور واقعہ کربلا سے متعلّق لِکھے گئے ہیں چنانچہ سوؔدا نے مرثیہ کا ایک پورا دیوان مُرتّب کیا۔ میر تقی میؔر نے بھی مرثیے لِکھے اور میر حسؔن نے بھی۔ اس زمانے میں چار مشہور مرثیہ گو تھے۔ میاں دِلگیؔر، فصیحؔ، میر خلیقؔ اور میر ضمیؔر۔ میر خلیقؔ میر حسؔن کے بیٹے تھے۔ اُن کے خاندان میں کئی پُشتوں سے مرثیے لِکھے جاتے تھے، اُنھیں کے بیٹے میر انیسؔ ہیں جو مرثیہ کے سب سے بڑے شاعر تسلیم کیے جاتے ہیں، میر ضمیؔر نے مرثیہ میں

نئی راہیں پیدا کیں اور بڑی شہرت حاصل کی اور مرثیہ کے بہت بڑے اُستاد تسلیم کر لیے گئے، اُنھیں خلیق سے زیادہ اہمیت دی جاتی ہے۔ لیکن میر انیس نے اپنے باپ اور میر ضمیر کے رنگ کو خوب چمکایا اور سیکڑوں مرثیے لکھ کر اُردو میں اخلاقی، رزمیہ، بیانیہ، جذباتی، واقعاتی اور مناظر قدرت سے متعلق شاعری کا اضافہ کیا۔ اُن کو زبان اور بیان پر قدرت حاصل تھی اور ہر طرح کے خیالات کو بڑی روانی اور حُسن کے ساتھ ادا کرسکتے تھے۔ اُن کا انتقال ۱۸۷۴ء میں ہوا اُن کے مرثیوں کے مُتعدد مجموعے چھپ چُکے ہیں۔

مرزا سلامت علی دبیر، میر ضمیر کے شاگرد تھے، بہت پڑھے لکھے بزرگ تھے۔ اُن کا رُجحان لکھنؤ کی شاعری کے اِس رنگ کی طرف تھا۔ جسے ناسخ نے عام کیا تھا، اِس لیے اُن کے مرثیوں میں لفظوں، صنعتوں اور استعاروں کی بھرمار ہوتی ہے اور مرثیے شاعرانہ حیثیت سے اُتنے کامیاب نہیں ہوتے جتنے انیس کے۔ مرزا دبیر نے میر انیس کے مقابلے میں بہت زیادہ مرثیے کہے جن میں بہت سے شایع ہو چُکے ہیں۔ اُن کا انتقال میر انیس کے ایک سال بعد ہوا۔

میر انیس کے دو بھائی مونس اور اُنس اور بیٹے میر نفیس بھی مرثیہ گوئی میں صاحبِ کمال تھے اُن کے خاندان کے افراد اب تک مرثیے لکھ رہے ہیں۔ اِسی طرح مرزا دبیر کے بیٹے مرزا اوج بھی شہرت کے آسمان پر پہنچے، اِس خاندان میں بھی اب تک مرثیہ نگاری کا سلسلہ جاری ہے۔

بہرحال جسے شاعری کا لکھنؤ اسکول کہا جاتا ہے اُس نے زبان اور شاعری کی بڑی خدمت کی اور دِلّی کی شاعری کو بھی مُتاثر کیا،

زبان کی صحت اور الفاظ و محاورات کے استعمال کے لحاظ سے لکھنؤ کی شاعری بہت اہم ہے لیکن بدقسمتی سے دِلّی اور لکھنؤ کے جھگڑے بھی کبھی کبھی کھڑے ہو گئے اور ناروا بحثیں چھڑ گئیں۔

۹

نثر کی ترقّی

اُردو میں نثر کی ترقّی نظم کے مُقابلے میں دیر میں ہوئی اور دُنیا کی اکثر زبانوں میں یہی ہوا ہے کہ نظم پہلے اور نثر بعد میں اُبھری لیکن اِس کا یہ مطلب نہیں کہ شروع میں نثر ہوتی ہی نہیں بلکہ ہوتا یہ ہے کہ ادبی حیثیت سے نثر کی طرف توجّہ دیر میں کی جاتی ہے۔ شروع میں جب دکن میں اُردو زبان کے پھیلنے کا ذِکر تھا اُس وقت سیّد بندہ نواز گیسو درآز کا تذکرہ کیا گیا تھا جِنھوں نے معرآج العاشقین کے نام سے تصوّف کے بارے میں ایک رسالہ لِکھا تھا، یہ چھوٹا رسالہ دکنی اُردو نثر کا پہلا نمونہ ہے اور ہر آدمی اُسے سمجھ نہیں سکتا کیونکہ اس میں جو باتیں کہی گئی ہیں وہ بھی مُشکل اور گہری ہیں۔ دکن ہی میں ہم کو دوسرے صُوفیوں کے نام مِلتے ہیں جیسے میران جی شمس العشّاق اور بُرہان الدّین جانمؔ ان لوگوں نے بھی نظم اور نثر میں صُوفیانہ اور مذہبی باتیں لِکھیں، یہ بھی کہا جاتا ہے کہ سیّد گیسو درآز سے بھی پہلے شیخ عین الدّین گنج العلم نے نثر میں کچھ رِسالے لِکھے، لیکن اب وہ باقی نہیں رہے، اِسی طرح کچھ لوگوں کا خیال ہے کہ سیّد مخدوم اشرف جہانگیر کچھوچھوی نے ایک مذہبی رِسالہ نثر

میں لکھا، مگر ابھی تک ہمارے پاس اس کا بھی ثبوت نہیں ہے۔ حالانکہ اگر ایسا ہوا ہو تو کوئی تعجب کی بات نہیں ہے کیونکہ ہم برابر دیکھتے ہیں کہ چودھویں اور پندرھویں صدی میں صُوفی فقرار کبھی کبھی اپنا خیال عام لوگوں کی بولی میں ظاہر کرتے ہیں، تمام لوگ تو فارسی یا عربی سمجھ نہیں سکتے تھے اِس لیے دیسی بولیوں اور بھاشاؤں کا استعمال کرنا ضروری تھا۔

خیر تو دکنی ادب کے ابتدائی زمانے میں کچھ نثر کی تصانیف ملتی ہیں جن کو بہت اعلا درجے کا ادب نہیں قرار دے سکتے۔ مگر دکن کے مشہور شاعر مُلّا وجہی نے نثر میں سب رَس لکھ کر بہت کامیاب ادبی نثر کا نمونہ پیش کر دیا یہ بھی ایک اخلاقی اور صُوفیانہ رنگ کی کہانی ہے مگر اُس کی زبان بڑی صاف سُتھری ہے اور اُس میں باتیں بہت دلچسپ ہیں۔ انداز مقفّیٰ رکھا گیا ہے۔ اُس کے لکھنے کا زمانہ ۱۶۳۵ء ہے، اِس کے علاوہ بھی کچھ کتابوں کے نام ملتے ہیں، لیکن یہاں صرف بہت اہم اور مشہور تصنیفوں کا ذکر کرنا ہے۔ اٹھارھویں صدی میں سیّد محمّد قادری نے طوطی نامہ کے نام سے ایک کتاب لکھی جس میں پُرانے ہندوستان کی اخلاقی کہانیاں ہیں۔

جب ہم دکن سے شمالی ہند کی طرف آتے ہیں تو ہمیں پہلا نام فضلی کا ملتا ہے، اُنھوں نے ایک فارسی کتاب کو سامنے رکھ کر وہ مجلس یا کربل کتھا کے نام سے اِسلامی تاریخ کے بعض واقعات لکھے، اب یہ کتاب چھپ گئی ہے اور اِس سے ہمیں اُس زمانے کی بول چال کی زبان کا پتہ چلتا ہے۔ اُس کے پینتالیس ۴۵ سال بعد ایک اہم اور دلچسپ کتاب ۱۷۷۵ء کے لگ بھگ لکھی گئی، یہ میر حُسین عطا تحسین کی

کتاب نو طرزِ مرصّع ہے جو فارسی سے ترجمہ کی گئی ہے اِس میں چار درویشوں کی کہانی بڑے رنگین پیرایہ میں بیان کی گئی تھی جسے بعد میں کئی اور لکھنے والوں نے اپنے ڈھنگ سے لکھا۔ تحسین اٹاوہ کے رہنے والے تھے مگر مُلازمت کے سلسلے میں کئی جگہ گئے اور شاید فیض آباد میں بھی بہت دِن گذارے۔

اِن کے علاوہ اٹھارھویں صدی کے آخری دِنوں میں قُرآن شریف کے دو ترجمے ہوئے، اِن باتوں سے یہ پتہ چلتا ہے کہ اب فارسی کی جگہ اُردو سے دِلچسپی لی جا رہی تھی کیونکہ وہ آسانی سے سمجھی جا سکتی تھی۔ اِس میں شک نہیں کہ اُردو کتابیں بھی لکھی گئی ہوں گی مگر یا تو وہ ضائع ہو گئیں یا ابھی دستیاب نہیں ہوئیں۔

اب وہ زمانہ تھا کہ انگریزوں کا اثر بہت پھیل چُکا تھا وہ بمبئی، مدراس، بنگال اور بہار پر قابض تھے، اَودھ پر اُن کا اثر تھا اور وہ بہت بڑی طاقت بن چُکے تھے اُنھوں نے سوچا کہ جو انگریز یہاں آتے ہیں اگر وہ یہاں کی زبانیں سیکھ لیں تو آسانی ہو گی چنانچہ اِس خیال سے ۱۸۰۰ء میں کلکتّہ کے فورٹ ولیم میں ایک کالج قائم کیا گیا جس میں نئے آنے والے انگریزوں کو ہندوستان کی کئی زبانیں سکھانے کا انتظام تھا اِن زبانوں میں اُردو کو بہت اہمیت حاصل تھی، کیونکہ اُردو ہی وہ زبان تھی جو مُلک کے بہت سے حصّوں میں بولی اور سمجھی جاتی تھی انگریز اُسے عام طور سے ہندوستانی کہتے تھے اور اُسی کو یہاں کی عام زبان قرار دیتے تھے چنانچہ کالج کے پرنسپل ڈاکٹر جان گل کرسٹ خود اُردو کے بہت اچھے عالم تھے، اُنھوں نے اُس کے بارے میں

گئی کتابیں بھی لکھیں۔ زبان سیکھنے کے لیے قواعد اور لُغت کی بہت ضرورت ہوتی ہے۔ اِس لیے اُس کی طرف توجّہ کی گئی۔ مگر ادب کی تعلیم دینے کے لیے جیسی کتابوں کی ضرورت تھی وہ موجود نہ تھیں۔ شاعری کا تو بہت سا ذخیرہ تھا لیکن نثر میں بہت کم کتابیں تھیں اِس لیے فورٹ ولیم کالج میں کتابیں لکھوانے کا انتظام بھی کیا گیا۔ یہاں جو کتابیں لکھی گئیں اُن کی زبان سادہ اور آسان تھی، اِن میں بول چال اور محاوروں کا خاص خیال رکھا گیا تھا۔ زیادہ تر کتابیں کہانیوں اور قِصّوں کی تھیں، کچھ تاریخ وغیرہ سے بھی مُتعلق تھیں۔ اِن میں سے زیادہ تر کتابیں فارسی یا ہندوستانی کی کسی زبان سے لے لی گئیں تھیں۔ یہ کتابیں دِلچسپ تو بہت تھیں مگر افسوس یہ ہے کہ عام نہ ہو سکیں اِن میں سے بعض کتابیں ایسی ہیں جو بعد میں اِتنی مشہور ہوئیں کہ پچاسوں بار چھپ چُکی ہیں۔

مشہور کتابوں میں میر امّن کی باغ و بہار ہے۔ اِس میں بھی چار درویشوں کی کہانی بڑے لُطف کے ساتھ بیان کی گئی ہے، اِس میں دِلّی کی بول چال کی زبان اور محاورے بڑی خوبصورتی سے سموئے گئے ہیں۔ اِسی کالج میں حاتم طائی کا قِصّہ آرائش محفل کے نام سے حیدر بخش حیدری نے لکھا، اُنھوں نے اور بھی کئی کتابیں لکھیں، شیر علی افسوس نے بھی آرائش محفل کے نام سے ایک کتاب لکھی جس میں ہندوستان کی تاریخ اور جُغرافیہ کے بارے میں بہت سی ضروری باتیں ملتی ہیں۔ نہال چند لاہوری نے گُلِ بکاؤلی کی کہانی نثر میں لکھی اور اُس کا نام مذہبِ عشق رکھا۔ کاظم علی جواں نے شکنتلا ناٹک کا ترجمہ کیا اور سنگھاسن بتیسی کا

قصّہ اُردو میں لکھا۔ منظر علی ولاؔ نے بیتال پچیسی لکھی۔ اِن لوگوں کے علاوہ اکرام علی، بہادر علی حُسینیؔ، خلیل علی اشکؔ، بینی نرائن جہاںؔ، مرزا علی لُطفؔ وغیرہ نے بہت سی کتابیں لکھیں جو مشہور ہوئیں۔ اِس سلسلہ میں ایک بات ضرور یاد رکھنا چاہیے کہ اِس کالج میں للّو لال جی نامی ایک گُجرات کے رہنے والے تھے، اُنھوں نے کئی باتیں ہندی میں لکھیں۔ اُن کی ہندی بالکل اُردو ہی کی طرح تھی۔ فرق یہ تھا کہ اُنھوں نے فارسی عربی کی جگہ سنسکرت کے لفظ استعمال کیے اِسی کو ''نئی ہندی'' یا ''ادبی ہندی'' کہا جاتا ہے۔ بعض لوگوں کا خیال ہے کہ اِسی زمانے سے ہندی اُردو کا جھگڑا شروع ہوا۔ شاید ایسا جان بُوجھ کر نہ کیا گیا ہو لیکن یہ بالکل صحیح ہے کہ اُسی وقت سے ہندی اُردو الگ الگ زبانیں سمجھی جانے لگیں۔

فورٹ ولیم کالج کے باہر بھی کتابیں لکھی جا رہی تھیں چنانچہ انشاء اللہ خاں انشاؔ نے اُردو میں ایک کہانی رانی کیتکی اور کنور اودے بھان کے نام سے لکھی جس میں فارسی یا عربی کے لفظ استعمال نہیں کیے۔ ایک اور کہانی لکھی جس میں لفظوں والے حروف سے کام نہیں لیا، اُس کا نام سلکِ گُہر ہے۔ اُس کے علاوہ اپنی فارسی کتاب دریائے لطافت میں اُنھوں نے اُردو نثر کے بہت سے نمونے پیش کیے۔ سب سے اہم اور دلچسپ کتاب جو لکھنؤ کے رنگ میں لکھی گئی وہ مرزا رجب علی، علی بیگ سرور کی فسانۂ عجائب ہے، یہ مشہور کتاب بڑی رنگین اور مقفّٰی نثر میں لکھی گئی ہے۔ سرورؔ نے اور بھی بہت سی کتابیں لکھیں۔ لیکن اُن کی یہ پہلی کتاب جو ۱۸۲۴ء میں لکھی گئی تھی

بہت مشہور ہوئی۔ اِس میں جادو، دیو، پری وغیرہ کے پردے میں اودھ کی جاگیردارانہ زندگی کی تصویر خوبصورتی سے کھینچی ہے۔

۱۸۲۵ء میں اُردو کو فارسی کی جگہ سرکاری زبان قرار دیا گیا، بہت سے پریس قائم ہو گئے اور اخبار نکلنے لگے۔ اِس سے پہلے عیسائی مذہب کی تبلیغ کرنے والوں نے انجیل کے ترجمے اور دوسری مذہبی کتابیں اُردو میں چھاپی تھیں اُسی زمانے میں دِلّی میں دِلّی کالج قائم ہوا اور اِس میں تمام مضامین اُردو میں پڑھائے جانے لگے۔ اِس ضرورت کے لیے سیکڑوں کتابوں کا ترجمہ کیا گیا۔ سائنس ہیئت، تاریخ، جُغرافیہ، ریاضی وغیرہ کی کتابیں چھپیں۔ اودھ میں بھی سائنس کی کتابوں کے ترجمے ہوئے۔ حیدرآباد دکن میں بھی اُس کی طرف توجّہ کی گئی، اُردو نثر کی خوب ترقّی ہوئی مگر اُس زمانے میں سب سے زیادہ دلچسپ بات یہ ہوئی کہ مرزا غالبؔ نے اُردو میں خط لکھنے شروع کیے اور ایسے دِلچسپ خط لکھے کہ اُس وقت تک وہ اُردو کے خزانے میں بیش قیمت جواہرات کی حیثیت رکھتے ہیں اِن خطوط کی سادگی، بے تکلّفی، ظرافت اور شگفتگی کا جواب نہیں۔ اِن سے اُس زمانے کی زندگی کے علاوہ مرزا غالبؔ اور اُن کے دوستوں کے بارے میں بہت سی باتیں معلوم ہوتی ہیں۔

دوسرے نثر لکھنے والوں میں ماسٹر رام چندرؔ، امام بخش صہبائیؔ، غُلام امام شہیدؔ، غُلام غوث بے خبرؔ کے نام لیے جاسکتے ہیں مطلب یہ ہے کہ تاریخی حیثیت سے اُردو نثر ہر طرح کے مضامین لکھنے کے قابل بن چُکی تھی اور جیسے جیسے حالات بدلتے جا رہے تھے نثر بھی زیادہ

جاندار ہوتی جا رہی تھی لیکن سچ یہ ہے کہ نثر کی اصل ترقی 1857ء کے بعد ہوئی جب ہندوستان کی زندگی میں زبردست انقلاب آیا۔

۱۰

دِلّی میں ایک بہار اور

اُردو ادب کی ترقّی کے سِلسلے میں پہلے دکن کا ذِکر ہوا، پھر دِلی کا اُس کے بعد لکھنؤ کا۔ اِس سے یہ نہیں سمجھنا چاہیے کہ جب شعرو ادب کا ذِکر دِلّی میں زیادہ ہونے لگا تو دکن میں خاموشی چھا گئی یا جب لکھنؤ میں ادبی سرگرمیاں بڑھیں تو دِلّی کا بازار سرد ہوگیا۔ ایسا نہیں ہے بلکہ وقت کے بدل جانے سے بھی ایک جگہ کو مرکزی حیثیت حاصل ہوگئی، کبھی دوسری جگہ کو، سِلسلہ کہیں نہیں ٹوٹا چنانچہ ابھی لکھنؤ میں آتش اور ناسخ کی شہرت اپنے کمال پر تھی کہ دِلّی میں پھر بڑے بڑے شاعروں نے وہاں کی رونق میں اضافہ کرنا شروع کیا۔ یہ بھی یاد رکھنا چاہیے کہ اُس زمانے میں شاعری کی ترقّی وہیں زیادہ ہوتی تھی جہاں بادشاہوں یا امیروں کے دربار ہوتے تھے۔ اِس طرح دِلّی اور لکھنؤ کے علاوہ فرخ آباد، ٹانڈہ، رام پور، عظیم آباد (پٹنہ)، حیدرآباد وغیرہ میں بھی شاعروں کو وظیفے مِلتے تھے اور اُن کی عزّت کی جاتی تھی، خاص کر حیدرآباد اور رام پور میں بہت سے شاعر اکٹھا ہوگئے تھے۔ پھر بھی دِلّی اور لکھنؤ کو جو اہمیت حاصل تھی اُس کی بات ہی اور تھی، سوداؔ اور میرؔ وغیرہ کے دِلّی سے چلے جانے کے بعد کچھ دِنوں کے لیے وہاں کی رونق

پھیکی پڑ گئی تھی، چراغ کی لَو مدھم ہو گئی تھی اور لکھنؤ کی چہل پہل نے اُس کو پیچھے چھوڑ دیا تھا لیکن غدر کے ۲۵، ۳۰ سال پہلے وہاں پھر بہار آئی، شاہ نصیرؔ نے ناسخؔ کے رنگ میں خوب شاعری کی اور بہت سے شاگرد بنائے۔ وہ لکھنؤ میں بھی رہے اور حیدرآباد میں بھی لیکن اِن کا اصل وطن دِلّی تھا، ذوقؔ اِنھیں کے شاگرد تھے۔ شاہ نصیرؔ مشکل زمینوں اور بناوٹی انداز میں لکھنے کے لیے مشہور ہیں، اثر اُن کے کلام میں اِتنا بھی نہیں ہے جتنا ناسخؔ کے یہاں ہے۔

اُس وقت دِلّی میں سیکڑوں شاعر پیدا ہوئے لیکن شیخ محمد ابراہیم ذوقؔ، حکیم مومن خاں مومنؔ، مرزا اسد اللّٰہ خاں غالبؔ، بہادر شاہ ظفرؔ، نواب محمد مصطفیٰ خاں شیفتہ اپنے اپنے رنگ کے اُستاد ہیں عجیب اتفاق ہے کہ جب مُغل حکومت کا چراغ ہمیشہ کے لیے بجھنے والا تھا اُس وقت بڑے بڑے عالم اور شاعر جمع ہو گئے تھے، اُنھیں کے دم سے دِلّی کا یہ آخری دَور یادگار بن گیا ہے، حالانکہ جو حالات پیدا ہو گئے تھے اور حکومت میں جو کمزوری آگئی تھی اُسے روکنے کی طاقت کسی میں نہیں تھی۔

جن شاعروں کے نام لیے گئے ہیں اُن میں ذوقؔ کو اُس وقت سب سے زیادہ شہرت حاصل ہوئی، اُس کی دو خاص وجہیں تھیں اوّل تو یہ کہ وہ شاہِ وقت بہادر شاہ ظفرؔ کے اُستاد تھے، دوسرے یہ کہ اُن کو زبان اور محاورات کے استعمال پر زبردست قدرت حاصل تھی اور وہ اپنے خیالات کو بڑی سادگی سے ادا کر دیتے تھے۔ ذوقؔ کے خیالات میں گہرائی نہیں تھی، عام مضامین اور اخلاقی باتوں کو اچھے ڈھنگ سے لکھ دیتے تھے۔ اُنھوں نے قصیدہ اور غزل دو ہی صنفوں کو اپنایا۔ اِن میں

بھی غزلوں کے مقابلے میں اُن کے قصیدوں کو زیادہ اہمیت حاصل ہے کیونکہ اِس میدان میں سوداؔ کے علاوہ کوئی اور اُن کے مقابلے میں پیش نہیں کیا جاسکتا۔ بہت سے لوگ ذوقؔ کا مقابلہ غالبؔ سے کرتے ہیں لیکن سچ یہ ہے کہ غالبؔ میں جو رنگا رنگی اور دِلکشی ہے وہ ذوقؔ کے یہاں نام کو بھی نہیں ہے پھر بھی ذوقؔ کے کمالِ فن اور اُستادی میں کسی کو شک نہیں ہوسکتا۔ اُنھوں نے غدر سے چند سال پہلے انتقال کیا۔

مومنؔ دِلّی کے مشہور طبیبوں میں تھے، بڑے عالم تھے، کھاتے پیتے گھرانے سے تعلّق رکھتے تھے اِس لیے بادشاہ یا امیروں کے وظیفوں کے محتاج نہیں تھے۔ علم نجوم، موسیقی اور شطرنج سے بھی خوب واقف تھے۔ اگرچہ اُن کی زندگی رنگین تھی لیکن دِلّی کی سوسائٹی میں کم لوگ ایسے تھے جو اُن کی عزّت نہ کرتے ہوں۔ مومنؔ نے بھی زیادہ تر عاشقانہ غزلیں لکھی ہیں۔ کچھ قصیدے ہیں اور چند عاشقانہ مثنویاں ہیں۔ فارسی میں بھی اُن کا کلام موجود ہے لیکن اُن کی شہرت کا اصل سبب اُن کی رنگین اور بامزہ غزلیں ہیں جن میں وہ تصوّف کی باتیں کرتے ہیں نہ فلسفہ کی، نہ اخلاق اور نصیحت کی بلکہ زیادہ تر محبّت کے تجربوں ہی تک اپنے خیالات کو محدود رکھتے ہیں اور اُنھیں باتوں کو طرح طرح سے ایسے اچھّے رنگ میں پیش کرتے ہیں کہ لُطف پیدا ہو جاتا ہے۔ وہ کبھی کبھی معمولی سی سیدھی سادی بات کو پیچیدہ ڈھنگ سے لکھ دیتے ہیں اور پڑھنے والے کو مُشکل میں مُبتلا کر دیتے ہیں مگر حقیقت یہ ہے کہ اُن کی غزلوں میں رنگینی اور دِلچسپی کے بہت سے پہلو ہیں اسی لیے وہ بہت بڑے غزل گو تسلیم کیے جاتے ہیں۔ غدر سے دو سال پہلے انتقال کیا۔

مرزا غالب آگرے کے ایک اعلا خاندان میں پیدا ہوئے، ابھی بچپن ہی تھا کہ باپ اور چچا کا انتقال ہوگیا۔ اُن کے نانا بھی رئیس تھے اِس لیے بچپن بڑے آرام سے گزرا جلد ہی شادی ہو گئی اور مرزا غالب آگرہ چھوڑ کر دِلّی چلے آئے۔ یہاں اِن کا رہن سہن اعلا تھا، چچا کی جاگیر سے جو پنشن مِلتی تھی وہ بند ہو گئی تھی، خرچ زیادہ تھا، آمدنی کم، اِس لیے اکثر پریشان رہتے تھے۔ پنشن کا مُقدمہ لڑنے کے لیے وہ کلکتہ بھی گئے کیونکہ اُس زمانے میں سب سے بڑی عدالت وہیں تھی۔ مرزا بڑے خوش اخلاق، ہنسنے ہنسانے والے، خوش ذوق اور رنگین مزاج انسان تھے۔ اُن کے لاتعداد دوست اور مِلنے والے تھے۔ بادشاہ سے لے کر معمولی آدمیوں تک میں دِلچسپی لیتے تھے۔ اِس لیے اُن کی نظر زندگی پر گہری تھی اور وہ انسانی زندگی کے نشیب و فراز اور اُلجھنوں کو خوب سمجھتے تھے، اِسی کی وجہ سے اُن کی شاعری میں گہرائی ہے۔ وہ اپنے زمانے میں فارسی کے بہت بڑے عالم سمجھے جاتے تھے، اُن کو خود بھی اپنی فارسی دانی پر ناز تھا۔ اِس لیے اُنھوں نے زیادہ تر فارسی ہی میں لِکھا لیکن آج اُن کی شہرت زیادہ تر اُن کی اُردو غزلوں اور خطوں کی وجہ سے ہے۔ ذوقؔ کے مرنے کے بعد وہ بادشاہ کے اُستاد ہو گئے تھے۔ غدر کے بعد رام پور سے ایک وظیفہ مِلنے لگا تھا اِس لیے حالت کچھ سنبھل گئی تھی لیکن صحت خراب رہتی تھی چنانچہ اِسی حالت میں سنہ ۱۸۶۹ء میں انتقال کیا۔

مرزا غالب نے بہت سی کتابیں لِکھیں، فارسی میں زیادہ اور اُردو میں کم۔ اُردو میں اُن کا دیوان اور خطوں کے دو مجموعے اُردوئے معلّی

اور عودِ ہندی ہیں۔ بعد میں اُن کا کچھ اُردو کلام اور ملا جسے اُنھوں نے اپنے دیوان سے نکال دیا تھا، بہت سے خط ملے اور سب کسی نہ کسی شکل میں چھپ چکے ہیں۔ غالب کے متعلق بہت کچھ لکھا جا چکا ہے اور برابر لکھا جا رہا ہے، روز بروز اُن کی شہرت بڑھتی جا رہی ہے کیونکہ ایک طرف اُن کی شاعری انسانی دلوں کے اندر گھر کرتی ہے دوسری طرف اُن کے خطوط وغیرہ سے اُن کے اور اُس زمانے کے حالات پر روشنی پڑتی ہے۔ شروع میں وہ فارسی آمیز غزلیں لکھتے تھے، پھر سادگی کی طرف مائل ہوئے اور اُسی سادگی میں ایسے اعلا خیالات اور جذبات کا اظہار کیا کہ اُس میں ہر شخص کے دل کو چھو لینے کی طاقت ہے۔ اِسی وجہ سے آج غالب کو اِتنی اہمیت حاصل ہے۔

ظفر نے چار دیوان چھوڑے ہیں جن میں زیادہ تر غزلیں ہیں، وہ مُغل خاندان کے آخری بادشاہ تھے۔ جنھیں غدر کے زمانے میں انگریزوں نے قید کر لیا اور رنگون میں جلا وطنی کی حالت میں رکھا، وہیں اُن کا انتقال ہوا۔ وہ شہزادگی ہی کے زمانے سے شاعری کرتے تھے اور ذوق سے اصلاح لیتے تھے۔ بہت سے لوگوں کا خیال ہے کہ ذوق ہی اُن کے لیے غزل کہہ دیا کرتے تھے۔ یہ بات بالکل غلط نہیں ہے۔ لیکن اِس میں شک نہیں کہ ظفر خود بھی شاعر تھے اور آپ بیتی کو غزلوں کے اشعار میں ڈھال لیتے تھے۔ اُن کی زبان بھی صاف ستھری اور رواں ہے۔

شیفتہ میرٹھ کے ایک ضلع کے ایک رئیس تھے۔ بڑے عالم اور علم دوست۔ چنانچہ وہ فارسی میں غالب سے اور اُردو میں مومن سے

مشورہ کرتے تھے۔ غالبؔ بھی اُن کی بہت عزّت کرتے تھے۔ بعد میں مولانا حالیؔ بھی اُن کے ساتھ رہنے لگے تھے۔ شیفتہؔ اپنے خیالات اور جذبات بغیر مبالغہ کے دلکش انداز میں پیش کر دیتے تھے اور دوسروں میں بھی انھیں باتوں کو سراہتے تھے۔ چنانچہ اُنھوں نے شاعروں کا جو تذکرہ گلشنِ بے خار کے نام سے لکھا ہے اِس میں اُن کا تنقیدی رنگ دیکھا جا سکتا ہے۔ اُنھوں نے فارسی اور اردو دونوں میں لکھا ہے اور اُن کا کلام بھی چھپ چکا ہے۔

اِن بڑے بڑے شاعروں کے علاوہ ذوقؔ، مومنؔ اور غالبؔ کے شاگرد بڑی تعداد میں تھے جو اردو زبان کو چار چاند لگا رہے تھے۔ جن میں مجروحؔ، سالکؔ، ذکیؔ، نیّرؔ، عارفؔ، انورؔ، ظہیرؔ اور راقمؔ مشہور ہیں۔ دوسرے بڑے شاعروں اور عالموں میں مُفتی صدرالدّین آزردہؔ، حکیم احسن اللّٰہ خان بیاںؔ، احساںؔ، میر محمّد علی تشنہؔ، معروفؔ اپنا اپنا مقام ادب میں رکھتے ہیں۔

مختصر یہ کہ جب ہندوستان کی تاریخ ایک اہم موڑ پر آ گئی تھی اور زمانہ رنگ بدلنے والا تھا اُس وقت اردو نے بھی اپنا انداز بدلنے کی تیاری کر لی اور زمانے کا ساتھ اور زیادہ واضح شکل میں دینے لگی۔

۱۱

نئی منزل کی طرف

دوسرے خیالات کی طرح ادب کے لیے بھی یہ بات صحیح ہے کہ وہ زمانے کے ساتھ بدلتا ہے کیونکہ بدلے ہوئے حالات انسانوں کو بھی بدل دیتے ہیں اور وہ اپنے خیالات کا اظہار نئے حالات کے مُطابق کرنے لگتے ہیں، خیالوں میں یہ تبدیلی اُس وقت تک نہیں ہوتی جب تک کہ زندگی بسر کرنے کے طریقوں میں بڑی بڑی تبدیلیاں نہ ہوں۔ ہندوستان سیکڑوں سال سے ایک ہی راستے پر چل رہا تھا، بادشاہ ہوتے تھے، اُن کا دربار ہوتا تھا اُن کی حکومت اُن کی مرضی کے مُطابق چلتی تھی، عام انسان حکومت میں کوئی اختیار نہیں رکھتے تھے، کھیتی باڑی کے پُرانے طریقے رائج تھے، تعلیم ایک ہی ڈھرّے پر چل رہی تھی۔ نہ کوئی بڑی تبدیلی ہوتی تھی نہ انقلاب آتا تھا، ایک خاندان کے بادشاہ کمزور ہو جاتے تھے تو دوسرا خاندان اُن کی جگہ لے لیتا تھا، عام لوگوں کی زندگی نہیں بدلتی تھی۔ بات یہ ہے کہ بادشاہت اور جاگیرداری کے زمانے میں ایک حد تک ترقّی ہوتی ہے پھر زوال شروع ہو جاتا ہے، یہاں بھی یہی ہو رہا تھا پھر کچھ ایسے نئے نئے اثر پڑے کہ تبدیلی اور ترقّی کے

نئے راستے دِکھائی دینے لگے۔

یہ تو معلوم ہی ہے کہ سولھویں صدی کے بعد سے ہندوستان میں پُرتگالی، انگریز، ڈچ اور فرانسیسی تجارت کے لیے آنے لگے پہلے تو اُنھوں نے دھیرے دھیرے تجارت کا جال بچھایا، پھر عیسائی مذہب پھیلانا شروع کیا، اپنی تجارتی کوٹھیوں کے لیے فوج رکھتے اور ہندوستانیوں کے معاملات میں دخل دینے لگے۔ اُن کی تجارت بڑھی تو ہندوستان کی دولت باہر جانے لگی، دستکاری ختم ہونے لگی۔ دیہاتوں کی زندگی پر اثر پڑنے لگا، کھیتیاں خراب ہونے لگیں۔ ہندوستان کے کچّے مال سے یورپ میں بڑے بڑے کارخانے چلنے لگے اور ہندوستان غریب ہوگیا۔ مُغل سلطنت کمزور ہو چکی تھی اور اُس کے بہت سے حِصّوں میں آزاد حکومتیں قائم ہوگئی تھیں جو ایک دوسرے سے لڑتی رہتی تھیں، نتیجہ یہ ہوا کہ انگریز اور فرانسیسی یہاں کے بڑے بڑے نوابوں اور مہاراجوں کے دوست بن کر اُنھیں لڑانے لگے۔ پہلے تو فرانسیسیوں کا اثر کافی معلوم ہوتا تھا پھر انگریز ہی میدان میں رہ گئے۔ اُنھوں نے بمبئی، مدراس اور بنگال کے علاقوں میں اپنی حکومت قائم کرلی اور آہستہ آہستہ بڑی بڑی ریاستوں اور طاقتوں سے ٹکّر لینے لگے۔ اِن کا اثر اتنا بڑھا کہ دِلّی کی مُغل حکومت اُن کی دستِ نگر ہوگئی اور اودھ میں اُن کی فوجیں رہنے لگیں۔

یہ تو ہوا یہاں کا سیاسی حال۔ اِس کے علاوہ جو تبدیلیاں ہوئیں وہ اور زیادہ غور طلب ہیں۔ عیسائی مذہب کی ترقّی ہونے لگی، ہندوؤں اور مُسلمانوں کے پُرانے عقیدوں میں فرق آنے لگا، نئی تعلیم پھیلی اور لوگ انگریزی زبان اور ادب سے واقف ہوئے۔ ریلیں چلیں، تار گھر کُھلے، باہر کی دُنیا سے واقفیت ہوئی۔ اُن سب باتوں کا اثر یہاں کے ادب پر پڑا اور

اُس کا نتیجہ یہ ہوا کہ لوگوں نے پُرانی باتوں میں یا تو اصلاح کی یا باہر کی نئی باتیں سیکھیں، اِس میں کوئی تعجّب کی بات بھی نہیں۔ زندگی میں اِس طرح کا لین دین ہوتا ہی رہتا ہے، چراغ سے چراغ جلتے ہی رہتے ہیں۔ جن لوگوں نے دوسرے مُلکوں کے ادیبوں سے واقفیت حاصل کی تھی۔ وہ اپنے یہاں کے ادب میں بھی نئی باتیں دیکھنا چاہتے تھے۔ یہ ساری تبدیلیاں بڑے پیمانے پر ہورہی تھیں، دربار ختم ہو چُکے تھے اِس لیے شاعر جاگیرداروں اور امیروں کی خوشی کے علاوہ دوسروں کے لیے بھی لکھتے تھے، اخبار نکل رہے تھے، اِس لیے نثر کی ترقّی ہو رہی تھی۔ پریس قائم ہو گئے تھے اِس لیے کتابوں کے چھپنے اور لوگوں تک پہنچنے میں آسانی ہو گئی تھی۔

یہ یاد رکھنا چاہیے کہ یہ بات قریب قریب سارے ہندوستان کے لیے تھی۔ قریب قریب ہر زبان اُن باتوں سے متاثر ہو رہی تھی صرف اُردو کی بات نہ تھی، ہر مذہب اور طبقہ پر اثر پڑ رہا تھا۔ ہندوؤں میں راجہ رام موہن رائے کی مذہبی تحریک، مُسلمانوں میں سر سیّد کی اصلاح اُس کی مثالیں ہیں۔ یکایک نہیں ہوتیں، اُسی درمیان میں ۱۸۵۷ء میں وہ مشہور انقلاب ہوا جس کو کچھ لوگ غدر کہتے ہیں۔ اُس ہنگامہ میں آخری دفعہ ہندوستانیوں نے انگریزوں کے خلاف فوجی بغاوت کی اور اگرچہ ہار گئے لیکن آزادی کا چراغ اِس طرح جلا گئے کہ وہ کبھی نہ بُجھا۔ ہم اپنی آسانی کے لیے نئے زمانے کی تاریخ اُسی وقت سے شروع کرتے ہیں اور اُس کے بعد کے ادب کو جدید ادب کہتے ہیں۔

جدید اُردو ادب کا خیال آتے ہی مولانا محمد حُسین آزاد، مولانا الطاف حسین حالیؔ، سر سیّد احمد خاں، مولانا نذیر احمد، مولانا شبلی، مولوی ذکاء اللہ

کے نام روشن حرفوں میں ہمارے سامنے آجاتے ہیں۔ اِن تمام ادیبوں اور شاعروں نے وقت کے تقاضوں کو سمجھا اور ہوا کے رُخ کو پہچانا اور اُردو ادب کی باگ اِدھر موڑ دی اس کا مطلب یہ نہیں کہ پُرانے رنگ کا ادب ختم ہوگیا۔ سیکڑوں شاعر اور ادیب اب بھی چھوٹے دربار وں سے وابستہ تھے اور پُرانی روایتوں کی نقل کر رہے تھے۔ اِن میں اسیرؔ لکھنوی، امیرؔ مینائی، داغؔ دہلوی اور جلالؔ لکھنوی سب سے زیادہ مشہور ہیں یہ قدیم رنگ کے بہت بڑے شاعر تھے، اُنھوں نے زبان اور ادب کی جو خدمت کی وہ کبھی فراموش نہیں کی جاسکتی کیونکہ اِن میں سے ہر ایک زبان کی حقیقت اور شاعری کے اصول سے واقف تھا لیکن جس بدلے ہوئے زمانے کا ذکر ہے اُس کے اثرات اِن کے یہاں نمایاں نہیں اُن کے یہاں مغرب اور مشرق کی کشمکش نہیں ہے یہ لوگ رام پور اور حیدرآباد کے درباروں سے مُتعلق رہے اور وہیں اپنے سیکڑوں شاگردوں کے ساتھ ادب اور زبان کی خدمت کرتے رہے۔

امیرؔ مینائی کے کئی دیوان شائع ہوئے، اُردو لُغت کی دو جلدیں چھپیں، داغؔ کے کئی دیوان نکلے، جلالؔ نے دیوانوں کے علاوہ لُغت اور زبان کے اصولوں پر بھی کِتابیں لکھیں، اسیرؔ کے کئی دیوان شائع ہوتے اِس طرح قدیم رنگ اپنی آب و تاب کے ساتھ باقی رہا۔ امیرؔ اور داغؔ کے شاگردوں میں ریاضؔ، جلیلؔ، نوحؔ، سائلؔ، بے خودؔ، مضطرؔ بہت مشہور ہوتے۔ اُس وقت بھی مُتعدّد شعراء غزل گوئی میں اُن کے رنگ کی پیروی کر رہے ہیں۔

مگر سچ یہ ہے کہ اُنّیسویں صدی کے آخری حِصّے سے اُردو ادب کا نیا دور ہی اہمیت رکھتا ہے کیونکہ شاعری کا رنگ بدلنے کے ساتھ ساتھ

نثر میں بھی نئے اصناف ادب کا داخلہ ہوا۔ ناول، نئے انداز کی سوانح نگاری، تنقید، مضمون نگاری، تاریخ وغیرہ کی ابتدا اُسی زمانے سے ہوجاتی ہے اور سرسیّد حالیؔ، آزادؔ، ذکاء اللہ، نذیر احمد، شبلیؔ، اکبرؔ، سرشارؔ، اور شررؔ کے ہاتھوں اُردو ادب کی دُنیا بدلتی نظر آتی ہے، اِن میں سے ہر ایک کا کارنامہ بے حد وقیع، اہم اور اُردو کے خزانے کے لیے بہت قیمتی ہے۔ کبھی کبھی آسانی کے لیے اِس دَور کو "سرسیّد کا دور" بھی کہہ دیا جاتا ہے، کیونکہ سرسیّد کو کئی حیثیتوں سے بڑی اہمیت حاصل تھی۔ سیّد احمد خاں (جو سرسیّدؔ کے نام سے مشہور ہوئے) دِلّی کے ایک مشہور خاندان میں پیدا ہوتے تھے اور ایسٹ انڈیا کمپنی میں نوکر تھے علمی اور مذہبی کام کرتے رہتے تھے لیکن جب ۱۸۵۷ء کا ہنگامہ ہوا تو سرسیّد جاگ اُٹھے اور اُنھوں نے مُسلمانوں کی اصلاح و ترقّی اور تعلیم کی طرف توجہ کی، کتابیں لکھیں اور اسکول قائم کیے۔ ہندوستانیوں اور خاص کر مُسلمانوں کے حقوق کی حمایت کی۔ ویسے تو اُنھوں نے مذہبی مسائل پر بہت کچھ لکھا لیکن ادب کے طالب علم کو اُن کے علمی مضامین سے جو لُطف حاصل ہوتا ہے ادب کی تاریخ میں اُسی کو اہمیت حاصل ہے یہ مضامین تہذیب الاخلاق میں شائع ہوتے تھے جسے خود سرسیّد نے جاری کیا تھا اُس رسالہ کے مضامین نے ادب میں بھی انقلاب پیدا کیا اور خیالوں میں بھی سرسیّد صاف سُتھری، پرزور اور جاندار نثر لکھتے تھے۔ رنگینی اور خوب صُورتی کی زیادہ فکر نہیں کرتے تھے۔ بس اپنا مطلب ٹھیک طریقہ سے ادا کرتے تھے۔ خیالی باتیں کرنا وہ جانتے ہی نہ تھے اِس لیے اُن کے مضامین اُن کے مقصد کی طرح ٹھوس ہوتے تھے۔ ۱۸۹۸ء میں اُن کا انتقال ہوا۔

خواجہ الطاف حسین حالیؔ کو نئے دور کے بانیوں میں شمار کیا جاتا ہے۔

وہ پانی پت کے رہنے والے تھے، عربی فارسی کی تعلیم حاصل کی تھی، دلّی، لاہور میں علمی اور ادبی حلقوں میں شامل ہوتے تھے۔ مرزا غالبؔ، نواب مصطفےٰ خاں شیفتہؔ، مولانا محمّد حُسین آزادؔ، سر سیّد سے متاثر ہوتے اور سب سے زیادہ اثر وقت کا پڑا۔ غدر ہو چکا تھا، پُرانی تعلیم ختم ہو رہی تھی، نئی تعلیم کی طرف مُسلمان آہستہ آہستہ بڑھ رہے تھے، زمانہ بدل رہا تھا لیکن لوگ اپنے پُرانے خیالوں سے چمٹے ہوتے تھے۔ حالیؔ نے کہا کہ ہم کو زمانے کے مُطابق قدم اُٹھانا چاہیے، اُنھوں نے زمانے کی بدلتی ہوئی حالت کو سامنے رکھ کر نظمیں بھی لِکھیں اور نثر کی کتابیں بھی۔ اُن کی مشہور کتابوں میں حیات سعدؔی، یادگار غالبؔ، مُقدمہ شعر و شاعری، حیاتِ جاویدؔ، دیوان حالیؔ، مسدّس مدّ و جزرِ اسلام مجموعہ نظم حالیؔ وغیرہ ہیں۔ حالیؔ مُبالغہ سے بچ کر اپنی بات کو سچّائی اور سادگی سے پیش کرتے تھے اِس لیے لوگوں کے دِلوں پر اُس کا اثر ہوتا تھا اُنھوں نے کئی سرکاری ملازمتیں کیں اِس سلسلہ میں جب لاہور میں قیام تھا تو مولانا محمّد حُسین آزادؔ نے اُنھیں نئے ڈھنگ کی نظمیں لکھنے پر مُتوجّہ کیا اور حالیؔ نے اپنی بعض مشہور نظمیں وہیں لکھیں۔ اِس طرح حالیؔ نے ایک نثر نِگار اور شاعر کی حیثیت سے اُردو ادب کے خزانہ کو مالا مال کر دیا۔ دو اوّل درجہ کے شاعر، نقّاد اور سوانح نِگار تسلیم کیے جاتے ہیں ۱۹۱۴ء میں اُن کی زندگی کا سفر ختم ہوا۔

مولانا محمّد حُسین آزادؔ دہلی کے رہنے والے تھے، اُن کے والد محمّد باقرؔ بہت بڑے عالم تھے۔ آزادؔ نے بھی فارسی عربی کی اچھی تعلیم پائی۔ شاعری میں ذوقؔ کے شاگرد ہو گئے۔ غدر کے بعد دِلّی سے نِکلے تو لکھنؤ اور پنجاب میں مُلازمت ڈھونڈھتے رہے۔ زیادہ وقت لاہور میں

گزارا وہیں اعلا پائے کے ادبی کام کیے۔ وہ بھی جدید ادب کے معماروں میں گِنے جاتے ہیں، اُن کی نثر بہت دِلکش اور رنگین ہوتی ہے اور کمال یہ ہے کہ اُن کا انداز ہر جگہ قائم رہتا ہے چاہے وہ بچّوں کے لیے لکھ رہے ہوں چاہے عُلمار کے لیے۔ اُن کی مشہور کتابیں ہیں، آبِ حیات، دربارِ اکبری، سخندانِ فارس، نیرنگِ خیال اور قصصِ ہند۔ اُنھوں نے ایران کا سفر بھی کیا اور وہاں کی ادبی زندگی سے اثر قبول کیا۔ عُمر کے آخری بیس سال جنون کی حالت میں گزُرے۔ آزاد کا شُمار بھی اُن لوگوں میں ہوتا ہے جنھوں نے نئے زمانے کے تقاضوں کو سمجھا اور اُنھیں اپنے ادب میں جگہ دی اُن کی زندگی کا چراغ سنہ ۱۹۱۰ء میں بُجھ گیا۔

ذکاء اللہ نے سو سے زیادہ کتابیں لکھیں۔ جن میں زیادہ تر ریاضی اور تاریخ سے مُتعلق ہیں، وہ بھی بڑے عالم تھے اور خاموشی کے ساتھ ادب کی خدمت کرتے تھے لیکن اُنھیں وہ اہمیت نہ حاصل ہو سکی جو حالی، آزاد اور نذیر احمد کو اُسی زمانے میں حاصل ہوئی۔

جن لوگوں کی کتابوں، لکچروں اور مضمونوں سے نئی منزل کی طرف قدم بڑھانے میں مدد ملی اُن میں ڈاکٹر نذیر احمد کا مرتبہ بہت بلند ہے۔ اُنھوں نے بچپن میں بڑی پریشانی کی حالت میں تعلیم حاصل کی۔ لیکن اپنی ذہانت سے تھوڑے ہی دِنوں میں بہت آگے بڑھ گئے۔ اسکول کی چھوٹی سی نوکری کرکے ترقّی کرکے پہلے ڈپٹی کلکٹر ہوئے، پھر نظام حیدرآباد کے یہاں ایک بڑا عہدہ حاصل کیا۔ اُنھیں انگلستان کی ایک یونیورسٹی نے ایل۔ ایل۔ ڈی کی ڈِگری

دی اور انگریزی حکومت نے شمس العلماء کا خطاب دیا مگر اُن کا نام ادبی اور علمی خدمات کی وجہ سے زندہ ہے۔ اُنھوں نے قرآن شریف کا ترجمہ کیا۔ اور مذہبی مسئلوں پر کتابیں لکھیں، انگریزی سے کئی قانونی کتابوں کا ترجمہ کیا۔ بچّوں بچّیوں کے لیے چند پند، منتخب الحکایات، مراۃ العروس، بنات النعش لکھیں، کئی ادبی ناول لکھے جن میں توبۃ النصوح اور ابن الوقت بہت مشہور ہیں۔ اُن کی زبان میں بڑی دلکشی اور رنگینی ملتی ہے۔ وہ دِلّی کی بول چال کی زبان بڑی خوبی سے استعمال کرتے تھے۔ اُنھوں نے اپنے لکچروں کے ذریعے نئی تعلیم اور نئے حالات سے لوگوں کو آشنا کیا۔ وہ شاعر بھی تھے لیکن شاعر کی حیثیت سے زیادہ مشہور نہ ہوسکے۔ اُن کا انتقال ۱۹۱۲ء میں ہوا۔

مولانا شبلی جو اعظم گڈھ کے رہنے والے تھے، ۱۸۵۷ء میں پیدا ہوئے ابتدائی تعلیم وہیں حاصل کی اور شروع سے عربی فارسی سے غیر معمولی دلچسپی کا اظہار کرنے لگے۔ وکالت کا امتحان بھی پاس کیا لیکن اُنھیں تو ادیب کی حیثیت سے زندہ رہنا تھا اِس لیے وہ وکالت ترک کرکے ادبی کاموں کی طرف متوجّہ ہوئے کچھ دِن علی گڑھ کالج میں اُستاد رہے پھر وہاں سے الگ ہوکر مذہبی علمی کام انجام دیتے رہے۔ لکھنؤ میں ندوہ اور اعظم گڑھ میں دارالمصنّفین اور شبلی کالج اُن کی یادگار ہیں۔ اُنھوں نے اِسلامی مُلکوں کا سفر بھی کیا۔ ۱۹۱۴ء میں انتقال ہوا۔ مولانا شبلی شاعر بھی تھے اور نثر نگار بھی۔ فارسی اور اُردو دونوں میں اعلا درجے کی شاعری

کرتے تھے لیکن اُنھیں نثر نویس کی حیثیت سے اُردو ادیبوں کی صفِ اوّل میں جگہ حاصل ہوئی ہے۔ اُن مشہور کتابوں میں سیرت النبی، شعرالعجم، الفاروق، المامون، موازنہ انیس و دبیر اور علم الکلام ہیں، اُن کے علاوہ اُن کے مضامین کے بہت سے مجموعے، خطوط کے مجموعے اور چھوٹے چھوٹے رسائل بھی بار بار شائع ہوئے ہیں۔ اُن کی نثر بڑی شگفتہ اور جاندار ہوتی تھی اور انداز ایسا دلکش ہوتا تھا کہ باتیں سیدھی دِل میں اُتر جاتی تھیں۔

اس دور کی کہانی اَدھوری رہ جائے گی اگر اکبر الہ آبادی کا ذِکر نہ کیا جائے کیونکہ اُن کی شاعری میں جدید اور قدیم، نئے اور پُرانے، مشرق اور مغرب کی کشمکش جس انداز میں ظاہر ہوتی ہے اُس سے وقت کی رفتار کا سمجھنا آسان ہو جاتا ہے۔ اکبر الہ آبادی کا نام سیّد اکبر حسین تھا، معمولی ابتدا سے ترقّی کرکے جج تک پہنچے وحید الہ آبادی کے شاگرد تھے لیکن تھوڑے ہی دِن اُن کی پیروی کرنے کے بعد ظرافت کی طرف مائل ہوئے اور اُن کی جو کچھ بھی شہرت ہے اِسی ظریفانہ کلام کی وجہ سے ہے۔ سنہ ۱۹۲۱ء میں انتقال کیا۔ اکبر نے یہ دیکھا کہ وہ سرکاری مُلازم ہوتے ہوئے انگریزی حکومت کی تنقید کُھلے انداز میں نہیں کر سکتے اور نہ اپنے دِل کی باتیں وعظ اور نصیحت کے انداز میں دوسروں تک پہنچا سکتے ہیں۔ اِس لیے اُنھوں نے مزاح اور طنز کا لباس اپنے خیالات کو پہنا دیا۔ اور ہنسی ہنسی میں اپنے دِل کی بھڑاس نکالی، وہ ایک مذہبی آدمی تھے اور وقت کی تبدیلیاں دیکھ کر کُڑھتے تھے، سمجھتے تھے کہ

نئی تعلیم اور نئے خیالات نے لوگوں کو مذہب اور اخلاق سے بےگانہ بنادیا ہے۔ اِس لیے وہ ہر نئی چیز کی مخالفت کرتے تھے۔ گو وہ وقت کی رفتار کو نہ روک سکے لیکن اُنھوں نے قومی زندگی کی طرف بہت سی کمزوریوں کی طرف اشارہ کر دیا۔ سیدھی سادی زبان میں، ہلکے پھُلکے اشاروں میں جس طرح اُنھوں نے گہری اور بڑی باتیں کہی ہیں مُشکل ہی سے کوئی دوسرا شاعر اُن کے مُقابلے میں پیش کیا جا سکتا ہے۔

یوں تو اس زمانے میں بہت اچھّے اچھّے لکھنے والے موجود تھے لیکن دو اہم نام کسی طرح نظرانداز نہیں کیے جاسکتے، یہ ہیں پنڈت رتن ناتھ سرشارؔ اور مولانا عبدالحلیم شررؔ، دونوں اُردو نثر کے بڑے بڑے ستون ہیں۔ رتن ناتھ سرشارؔ لکھنؤ کے کشمیری برہمنوں کے خاندان میں پیدا ہوئے، یہاں کی زبان اور رہن سہن، رسم و رواج اور زندگی سے گہری واقفیت رکھتے تھے، جس کا پتہ اُن کی کتابوں سے چلتا ہے اُنھوں نے کئی دِلچسپ ناول لِکھے جن میں فسانۂ آزاد (چار جلد) جام سرشارؔ، سیر کُہسار، خدائی فوجدار بہت مشہور ہیں اُن کی زبان بہت پیاری اور صحیح ہوتی تھی لیکن جو چیز دِل کو اپنی طرف کھینچتی ہے وہ مُختلف لوگوں، طبقوں، پیشہ وروں کی بول چال اور زندگی سے اُن کی واقفیت ہے اور اُن کی زندگی کا ظریفانہ بیان۔ اِس طرح سرشارؔ کا شمار اُردو کے بہترین مُصنّفوں میں ہوتا ہے، ابھی عُمر زیادہ نہیں تھی کہ شراب نوشی کی زیادتی سے سنہ ۱۹۰۰ء میں سرشارؔ کا انتقال ہوگیا۔

مولانا عبدالحلیم شررؔ بھی لکھنؤ ہی میں پیدا ہوئے یہیں تعلیم حاصل کی اور شروع ہی سے لکھنے لگے۔ بچپن کا کچھ حصّہ ٹٹیا برج کلکتہ میں واجد علی شاہ کے محل میں بسر ہوا تھا، اُس کا ذکر بھی اُن کے اکثر مضامین میں آیا ہے۔ کچھ دن وہ حیدرآباد میں رہے۔ اُسی زمانے میں یورپ کا سفر کیا، پھر باقی حصّہ کتابیں لکھنے میں بسر کر دیا۔ شررؔ کی کتابوں کی تعداد بہت زیادہ ہے۔ اُن میں ناول سب سے زیادہ ہیں، فردوسِ بریں، منصور موہنا، ایامِ عرب، زوالِ بغداد اور مقدّس نازنین مشہور رہیں۔ اُن کے علاوہ اُنھوں نے تاریخ، سوانح عمری، تمدّن اور مُختلف علوم سے مُتعلّق بہت سی کتابیں لکھیں، اُن کے مضامین کے بہت سے مجموعے شائع ہو چکے، جن میں ہر طرح کے علمی اور ادبی مضامین شامل ہیں، اُنھوں نے اچھّی عمر میں سنہ ۱۹۲۶ء میں انتقال کیا، شررؔ کی زبان بھی دِلکش اور رنگین تھی، اور قِصّہ گوئی کے لیے بہت موزوں تھی لیکن اُنھوں نے علمی مضامین بھی دِل نشین انداز میں لِکھے ہیں۔

اِس طرح نیا دَور شروع ہوتے ہی اُردو زبان کو اعلا پائے کے ادیب مِل گئے جنھوں نے دِلی لگن کے ساتھ ادب کے ہر شعبے کو چمکانے کی کوشش کی۔ اِن لوگوں نے مغرب سے آئے ہوئے نئے علوم و فنون خیالات اور معلومات سے اِس طرح مدد لی کہ ہندوستانی ادب کا مزاج نہیں بدلا اُس کا دامن البتّہ وسیع ہو گیا۔ نئی شاعری اور اُس میں نئے انداز کے علاوہ، ڈراما، تنقید، سوانح نگاری، انشاء، علمی مضمون نگاری، ہر چیز کو فائدہ پہنچایا اور نئی نسلوں کو اندازہ ہوا کہ ادب کے ذریعے سے قومی زندگی میں جوش اور گہرائی پیدا کی جا سکتی ہے۔ اُوپر جن ادیبوں

کا ذکر ہوا اُن میں سے اکثر ادب میں مقصد کے پیش کرنے کے قائل تھے لیکن ادب کی خوب صورتی کو بھی نقصان نہیں پہنچنے دیتے تھے۔

اب آگے جن ادیبوں اور شاعروں کا ذکر ہوگا اُن میں زیادہ تر ایسے ہیں جنھوں نے وقت کی رفتار کو اچّھی طرح سمجھا اور قومی ادب کے کارواں کو آگے بڑھایا۔ حالاں کہ لکھنے والے بھی باقی رہے جو پُرانے ہی راستے پر چلنا بہتر سمجھتے تھے۔

۱۲

کچھ نئے کچھ پُرانے

ہندوستانی زندگی کے بدلنے کا جو نقشہ پچھلے باب میں کھینچا گیا تھا اس سے اندازہ ہوگا کہ تبدیلیاں آہستہ آہستہ ہوتی ہیں، کہیں نیاپن بہت نمایاں دکھائی دیتا ہے، کہیں پُرانے پن کی جڑیں مضبوط نظر آتی ہیں، کہیں دونوں کو ملانے کی کوشش ہوتی ہے۔ غرض کہ زندگی ایک سیدھی لکیر کی طرح نہیں ہوتی۔ یہ باتیں ادب میں پیچیدہ ہوکر سامنے آتی ہیں۔ اِس لیے اب ہم جن لوگوں کا ذکر کرنا چاہتے ہیں اُن میں پُرانے اور نئے دونوں کے عکس دیکھے جاسکتے ہیں۔ بعض زندگی کی سوجھ بوجھ میں بہت آگے ہیں، بعض پُرانی راہ پر چل رہے ہیں مگران کے بیان میں نیاپن ہے۔

سرسید، حالی، آزاد، شبلی، نذیر احمد، شرر اور سرشار نے اُردو ادب میں جو اضافے کیے تھے اُن کو سامنے رکھ کر نئے ادیبوں اور شاعروں نے اُردو ادب کے دامن میں بہت سے موتی اور جواہر ڈال دیے اور حالات میں جو تبدیلیاں ہو رہی تھیں، ادب کو اُن کے مطابق بنانے کی کوشش کی۔ غزل جو شاعری کی بہت اہم صنف رہ چکی تھی، نئے دور میں حالی وغیرہ کے اثر سے اُس کی مقبولیت میں کچھ کمی ضرور ہوئی اور لوگوں نے سمجھا کہ نظمیں زیادہ مفید اور کارآمد ہوتی ہیں۔ لیکن پھر بھی

غزل زندہ رہی اور نئے رُوپ میں نیا لباس پہن کر محفل کو اپنی طرف متوجہ کرتی رہی۔ مُبالغہ، قافیہ پیمائی، رسمی خیالات کم ہوگئے اور سچائی کے ساتھ دِل کی باتیں لکھی جانے لگیں لیکن اِس کا مطلب یہ نہیں ہے کہ پہلے ایسا ہوتا ہی نہ تھا بلکہ ہوا یہ تھا کہ غزل ایک رسمی چیز بن کر رہ گئی تھی۔ اب شادؔ، حسرتؔ، صفیؔ، سیمابؔ، اصغرؔ، فانیؔ، عزیزؔ، ثاقبؔ، جگرؔ، اثرؔ اور یگانہؔ وغیرہ نے اُس میں نئی رُوح پھُونکی، اُنھوں نے غزل کی رنگینی کو باقی رکھتے ہوئے اِس میں اعلا خیالات سچّی دِلی کیفیتیں اور زندگی کی اُلجھنوں کے خاکے پیش کیے، اِس کا نتیجہ یہ ہوا کہ نیا انسان اُن میں اپنے دِل کی دھڑکنیں سُننے لگا۔ غزل کے پُرانے پن میں نیا رنگ جھلک اُٹھا۔ سیّد علی شادؔ عظیم آباد (پٹنہ) کے رہنے والے تھے۔ ۱۹۲۸ء میں انتقال کیا۔ نظم و نثر میں بہت سی کتابیں لکھیں، وہ شاعر بھی تھے اور عالم بھی، لیکن اُن کی اصل شہرت غزلوں کی وجہ سے ہے جن کا مجموعہ میخانۂ الہام کے نام سے چھپ گیا ہے۔ بعض دوسرے مجموعے بھی شائع ہوتے ہیں، نثر میں بھی اُن کی کئی دوسری کتابیں شہرت رکھتی ہیں۔

حسرتؔ موہانی کا نام فضل الحسن تھا، بہت بڑے سیاسی لیڈر تھے اور ہندوستان کی آزادی کی لڑائی میں ہمیشہ آگے آگے رہے نظم اور نثر میں بہت لکھا ہے لیکن اُن کی غزلوں میں جو مٹھاس اور رنگینی ہے اِس کا مزا ہر اُردو پڑھنے والے کی زبان پر رہے گا۔ ۱۹۵۲ء میں اُن کا انتقال ہوا۔ اِن کا کلام کلیاتِ حسرتؔ کے نام سے چھپ چکا ہے۔

سیّد علی نقی صفیؔ لکھنؤ کے مشہور شاعر تھے، اُنھوں نے قصیدے، مثنویاں، مرثیے، غزلیں، نظمیں، سبھی لکھی ہیں، قومی اور مذہبی مسائل پر بڑی دِل کش نظم لکھتے تھے۔ خیامؔ کی رُباعیوں کا ترجمہ اُردو میں کیا تھا جو چھپ

نہ سکا۔ نظموں کے کئی مجموعے چھپے، غزلوں کا ایک ہی مجموعہ مرنے کے بعد چھپا، ۱۹۵۱ء میں اس جہاں فانی سے کوچ کیا۔

عاشق حسین سیماب آگرہ کے مشہور شاعر تھے۔ اپنے اُستادانہ رنگ لیے مشہور ہیں۔ نظم اور غزل دونوں پر قدرت تھی۔ نثر میں بہت سی کتابیں لکھیں، اُن کی چھپی ہوئی کتابوں کی تعداد بہت ہے جن میں کلیم عجم، کار امروز، سدرۃ المنتہیٰ مشہور ہیں ۱۹۵۱ء میں کراچی میں دارفانی سے رُخصت ہوئے۔

اصغر حسین اصغر گونڈوی صُوفیانہ رنگ کے شاعر تھے، کم کہتے تھے۔ لیکن جو کچھ کہا ہے وہ اہم سمجھا جاتا ہے، دو مجموعے نشاط روح اور سرود زندگی چھپ چکے ہیں۔ ۱۹۳۶ء میں انتقال ہوا۔

شوکت علی فانی بدایونی اُردو کے مشہور غزل گو تھے، غم والم کے مضامین بڑی دِل کشی سے لکھتے تھے۔ عُمر کا آخری حصّہ حیدرآباد میں بسر ہوا ۱۹۴۲ء میں انتقال ہوا۔ سارا کلام کُلیات فانی کے نام سے چھپ گیا ہے۔

مرزا محمّد ہادی عزیز لکھنوی اُردو کے اہم شاعروں میں سے تھے لکھنؤ کے رنگ میں جو تبدیلیاں ہو رہی تھیں اُن کی نمائندگی عزیز کے یہاں ہوتی ہے۔ اُنھوں نے غزلیں بھی کہیں اور نظمیں بھی لیکن اُن کو شہرت غزل گو اور قصیدہ نگار کی حیثیت سے ہوئی۔ قصیدوں کا مجموعہ صحیفہ ولا اور غزلوں کا مجموعہ گل کدہ اور انجم کدہ کے نام سے چھپ چکے ہیں۔ ذاکر حسین ثاقب قزلباش کی شاعری پر میر اور غالب کی پیروی کا اثر نمایاں ہے دیوان ثاقب شائع ہو چکا ہے، اُن کا بھی انتقال ہو چکا ہے۔

علی سکندر جگر مُرادآباد کے رہنے والے تھے۔ بڑے رنگین خوب صُورت

اور پُرکیف شعر کہتے تھے۔ تین مجموعے شائع ہو چکے ہیں۔ جن میں شعلۂ طور اور آتش گُل مشہور ہیں۔ اُن کا بھی انتقال ہو چکا ہے۔ نواب ظفر خاں اثر لکھنوی اُردو کے بہت اہم شعرا میں سے ہیں۔ نظم و نثر دونوں پر قدرت رکھتے ہیں۔ بہت سی کتابیں لکھ چکے ہیں۔ دوسری زبانوں سے نظم و نثر میں ترجمے بھی کیے ہیں۔ غزل گو کی حیثیت سے کافی شہرت رکھتے ہیں۔ غزلوں کے مجموعے بہاراں اور نو بہاراں مشہور ہیں۔ منظوم ترجموں کا مجموعہ رنگ بست اور بھگوت گیتا کا ترجمہ نغمۂ جاوید کے نام سے شہرت رکھتے رہیں۔ مرزا واجد حسین یاس، و یگانہ اصلاً پٹنہ کے رہنے والے تھے، بہت دِن حیدرآباد میں رہے آخر عُمر لکھنؤ میں بسر ہوئی۔ غزل میں زور اور بانکپن جو اُن کے یہاں ملتا ہے کم شاعروں کے یہاں ہے۔ رُباعیاں بھی بہت اچھی کہی ہیں۔ غزلوں کے مجموعے آیاتِ وجدانی اور گنجینہ مشہور ہیں ۱۹۵۶ء میں انتقال کیا، اُن کے علاوہ بھی بہت سے شعرا ایسے ہیں جن کے بارے میں جاننا مفید ہوگا لیکن یہاں گنجائش نہیں ہے۔

نظم لکھنے کا جو سلسلہ حالیؔ، آزادؔ، شبلیؔ اور اکبرؔ چلا تھا اُس نے ایک غیر معمولی شاعر ڈاکٹر سر محمّد اقبالؔ کو جنم دیا۔ جنھوں نے فلسفہ اور شاعری، رنگینی اور سنجیدگی کو اس طرح ملایا کہ شاعری جادو بھی بن گئی اور علم بھی۔ اُنھوں نے انسانوں کی عظمت آزادی اور قوّت کے گیت گائے۔ اقبالؔ نے فارسی میں بہت سی نظمیں لکھیں، اُردو میں چار مجموعے شائع ہوئے، بانگِ درا، بالِ جبریل، ضربِ کلیم اور ارمغانِ حجاز، وہ صرف شاعر ہی نہیں بلکہ قومی رہنما بھی تھے۔ ۱۹۳۸ء میں اس دُنیا سے کوچ کیا۔ پنڈت برج نرائن چکبست بھی اِسی دَور کے شاعر تھے۔ اُنھوں

نے ہندوستان کی قومی زندگی کی تصویر کشی بڑی خوب صورتی سے کی۔ ۱۹۲۶ءمیں انتقال کیا اور اسی سال اِن کا مجموعہ صبحِ وطن شائع ہوا۔ اُن کے نثر کے مضامین بھی اہمیت رکھتے ہیں اور چھپ چکے ہیں۔ دُرگا سہائے سرور نے جدید اُردو شاعری میں اپنی منظر نگاری اور جذبات نگاری سے اضافہ کیا۔ اِن کے مجموعے بھی چھپ چکے ہیں۔ اُن کے علاوہ سلیم پانی پتی، عظمت اللہ خاں، خوشی محمد ناظر، نادر کاکوروی وغیرہ قابلِ ذِکر ہیں۔

ناول نگاری کا جو سلسلہ نذیر احمد اور سرشار کے زمانے سے شروع ہو چکا تھا، اِس میں بھی برابر اضافے ہوتے رہے اِس سلسلے میں سب سے اہم نام مرزا محمد ہادی رُسوا کا ہے جنھوں نے بڑے فطری انداز میں امراؤ جان ادا اور شریف زادہ نامی ناول لکھے۔ خواجہ حسن نظامی نے تاریخی کہانیاں اور مضامین ایسے دلکش طریقے سے لکھے کہ افسانہ حقیقت بن گیا اور حقیقت افسانہ معلوم ہونے لگی۔ خاص کر غدر دِلّی کے بارے میں اُن کی کتابیں پڑھنے سے تعلق رکھتی ہیں ۱۹۵۸ءمیں اُنھوں نے بڑی عُمر میں انتقال کیا۔ راشد الخیری نے نذیر احمد کے رنگ کو جاری رکھا اور خاص کر عورتوں کی زندگی کے غم ناک پہلوؤں پر ناول اور افسانے لکھے جن کی تعداد بہت ہے اُنھیں "مصوّرِ غم" بھی کہا جاتا ہے۔

اِس زمانے میں سب سے زیادہ توجّہ علمی اور ادبی مسائل کی طرف کی گئی اور تحقیقی کام کی لگن لوگوں میں پیدا ہوئی۔ مولانا عبدالحق نے حالی کے رنگ میں تنقید ہی کی طرف توجّہ نہیں کی بلکہ اُردو کی پُرانی کتابیں ڈھونڈھ ڈھونڈھ کر نکالیں اور اُنھیں شائع کیا۔ اُردو زبان کے متعلّق بہت سی معلومات اِکٹھا کیں اور اُنھیں سادہ زبان میں

پیش کیا، ۱۹۴۸ء میں کراچی گئے انجمن ترقّی اُردو قائم کی اور علمی کام میں لگے رہے ۱۹۶۱ء میں انتقال کیا۔ مولانا سُلیمان ندوی جو مولانا شبلی کے جانشین تھے۔ بہت بڑے عالم مذہبی پیشوا اور ادیب تھے، اُنھوں نے بہت سی مذہبی اور ادبی کتابیں لکھیں۔ اور اُردو کا دامن وسیع کیا۔ ابھی چند سال پہلے کراچی میں ان کا انتقال ہوگیا۔ اُن کی ادبی کتابوں میں خیاّم اور نقوشِ سُلیمانی اہم ہیں۔ اِس دَور کے اہم لکھنے والوں میں مولانا عبدالماجد دریا بادی بھی ہیں۔ اُنھوں نے بھی بہت سے مذہبی، فلسفیانہ، علمی اور ادبی موضوعات پر کتابیں لکھی ہیں وہ خوب صُورت نثر لکھتے ہیں اور اپنی بات اثر کرنے والے انداز میں کہتے ہیں۔ ادبی مضامین کے کئی مجموعے اور بہت سی کتابیں شائع ہوئی ہیں۔ اِس عہد کے لکھنے والوں میں نیازؔ فتحپوری کا مرتبہ بہت اُونچا ہے۔ اُن کی مُشکل فارسی آمیز لیکن رنگین اور دِلکش نثر میں مولانا ابوالکلام آزادؔ کی نثر کی جھلک تھی لیکن بہت جلد اُن کا خود اپنا رنگ بن گیا۔ جس کی چاشنی کسی اور کے یہاں نہیں مِلتی۔ اُنھوں نے مذہبی، فلسفیانہ، علمی، ادبی مضامین کے علاوہ ناول اور افسانے اور ڈرامے بڑی تعداد میں لکھے ہیں اور بہت سے لکھنے والوں کو متاثر کیا ہے۔ اُن کے تصانیف کی تعداد بہت ہے اور ہر تصنیف ادبی رنگ سے مالا مال ہے۔ ۱۹۶۶ء میں کراچی میں انتقال کیا، پروفیسر محمود شیرانی اس دَور کے بڑے مُحقّق گذرے ہیں۔ اُن کی نثر میں ادبی رنگ کم ہوتا ہے لیکن وہ چھان بین کرکے ادب کے مُتعلّق کہہ گئے ہیں جن سے ادب اُردو کی تاریخ لکھنے میں بڑی مدد مِلے گی۔

کئی سال ہوئے اُن کا انتقال ہوگیا۔ تحقیق اور تنقیدی کام کرنے والوں میں سید مسعود حسن رضوی ادیب کو بھی اہمیت حاصل ہے۔ اُنھوں نے سادہ اور دلکش انداز میں اُردو شاعری کے متعلق بہت سی غلط فہمیوں کا جواب دیا ہے اور کئی کتابیں بڑی تحقیق کے بعد چھپوائی ہے۔ اُن کی تصانیف میں ہماری شاعری سب سے زیادہ مشہور ہے اُن کی ایک اہم کتاب اُردو ڈراما اور اسٹیج شائع ہو گئی ہے۔ نصیرالدین ہاشمی جن کا انتقال چند سال پہلے ہوا کئی تحقیقی کتابوں کے مصنف ہیں۔

اِن حضرات کے علاوہ ادبی تحقیق اور تنقید کا کام قاضی عبدالودود، ڈاکٹر عبدالستار، عرشی رام پوری، ڈاکٹر نذیر احمد، مالک رام جنھیں نظر انداز نہیں کیا جا سکتا۔ اِسی طرح مولانا عبدالباری، شاہ معین الدین ندوی، ریاست علی ندوی، مولانا عبدالسلام ندوی، صباح الدین، عبدالرحمٰن، نجیب اشرف ندوی کے کام بھی ایسے نہیں ہیں جنھیں تاریخ ادب بُھلا سکے۔ مگر بچّوں کے لیے اِس مختصر خاکے میں اُن کے متعلق کچھ لکھا نہیں جا سکتا۔

حالی اور آزاد کے عہد سے اس وقت تک جن لکھنے والوں کا ذِکر ہوا ہے اُن میں سے زیادہ تر ایسے ہیں جو مغربی ادب سے متاثر ہوئے لیکن اُنھوں نے بڑے پیمانے پر مغربی طرزِ فکر، اندازِ نظر اور خیالات کو قبول نہیں کیا، بلکہ اُن سے فائدہ اُٹھایا۔ لیکن اب جو منزل آتی ہے وہ سیاسی اور ذہنی کشمکش کی منزل ہے اور اس میں لوگوں کو دوسری طرح سوچنا اور خیالوں کو پیش کرنا پڑا اُن کا ذِکر آئے گا۔

۱۳

نیا زمانہ نیا ادب

جب ہندوستان باقاعدہ انگریزی حکومت کی غلامی میں آگیا تو قومی رُوح جاگی اور آزادی کی خواہش طرح طرح سے ظاہر ہونے لگی۔ ۱۸۸۵ء میں انڈین نیشنل کانگریس کی بُنیاد پڑی، اخباروں میں انگریزی حکومت کے خلاف مضمون لکھے جانے لگے اور چونکہ دُنیا کے دوسرے ملکوں میں بھی آزادی کا جذبہ بڑھ رہا تھا، اِس لیے ہندوستانی بھی اپنے مُلک کی بہتری کا خواب دیکھنے لگے۔ انگریزوں نے مُلک کو ہر طرح تباہ کیا تھا، اگرچہ اپنے فائدے کے لیے کچھ لوگوں کو خوش بھی کیا تھا مگر ہندوستان کی عام حالت اچھی نہیں تھی۔ قحط، بیماری، بے کاری، غریبی اور پستی کا راج تھا۔ اگرچہ راجہ رام موہن رائے، سرسیّد اور دوسرے لوگوں نے اِس حالت کو بدلنے کی کوشش کی مگر کوئی فائدہ نہیں ہوا تھا، بددلی بڑھتی جارہی تھی، یہاں تک کہ جب پہلی بڑی لڑائی ۱۹۱۹ء میں ختم ہوئی تو ہندوستان میں قومی آزادی کا جذبہ بڑی تیزی سے بڑھ گیا۔ انگریزوں نے چھوٹی چھوٹی اصلاحات کیں، ہندو مُسلمانوں کو

لڑانے کی کوششیں کیں، قید و بند سے کام لیا مگر وہ آزادی کے جذبے کو دبا نہ سکے۔ چنانچہ ۱۹۱۹ء کے بعد سے اِس مُلک میں آزادی کی لڑائی بڑے پیمانے پر لڑی جانے لگی۔ جس کے رہبر اور رہنما مہاتما گاندھی تھے، اِس لڑائی نے صرف شہروں کو نہیں، صرف پڑھے لکھے لوگوں کو نہیں، دیہاتوں، گاؤں اور اَن پڑھ لوگوں کو بھی اپنی طرف کھینچا اور ایسا معلوم ہونے لگا کہ اب ہندوستانی غُلامی اور غریبی کی زندگی گذارنے پر تیار نہیں۔

اِن حالات کا اثر ادب پر پڑا اور صرف اُردو ہی میں نہیں بلکہ دوسری زبانوں کے ادب میں بھی سیاسی رنگ جھلکنے لگا۔ یہ بات پہلے مولانا شبلؔی، اقبالؔ، چکبستؔ، ظفؔر علی خاں، حسرتؔ موہانی، مولانا محمدؔ علی، مولانا ابوالکلام آزادؔ وغیرہ کے یہاں ظاہر ہو چکی تھی مگر اب زیادہ نکھر کر سامنے آئی۔ اُس کی سب سے اچھی مثال پریم چند ہیں۔ وہ اُردو اور ہندی کے اعلا پائے کے ناول نگار اور افسانہ نویس تھے۔ اُنھوں نے زندگی کی سچّی تصویریں کھینچنے، عام لوگوں کے بارے میں لکھنے، دیہاتی زندگی کی چھوٹی چھوٹی خوشیوں اور اُلجھنوں کی مرقع کشی کرنے اور انسانوں کو اُن کی اچھائیوں اور بُرائیوں کے ساتھ دیکھنے کی طرف توجّہ کی۔ شروع میں تو کبھی کبھی وہ خیالی کردار پیش کرتے تھے مگر بعد میں اصلیت کا رنگ تیز ہوتا گیا اور محض اصلاحی رنگ چھوڑ کر اُنھوں نے انقلابی باتیں کہنا شروع کیں۔ اُن کے افسانوں کی تعداد ڈھائی سو اور ناولوں کی تعداد ایک درجن سے زیادہ ہے، افسانوں کے مجموعوں میں پریم پچیسی، زادِ راہ، واردات،

اور ناولوں میں بازارِ حُسن، چوگانِ ہستی، میدانِ عمل اور گئو دان بہت مشہور ہیں۔ اُن کی زبان آسان، شیریں اور پُراثر ہوتی تھی، ۱۹۳۶ء میں انتقال ہو گیا۔

پریم چند کے راستے پر چلنے والوں اور خود اپنا راستہ بنا لینے والوں میں علی عبّاس حُسینی، سدرشن، اعظم کریوی، حامد اللہ افسر اور اوپندر ناتھ اشک ہیں۔ اِن میں سے ہر ایک اپنی اہمیت رکھتا ہے۔ افسانہ نگار کی حیثیت سے حُسینی نے اپنی جگہ تاریخ ادب میں بنا لی ہے۔ اُن کے کئی مجموعے شائع ہو چُکے ہیں۔ جیسے رفیقِ تنہائی، آئی۔ سی۔ ایس۔ میلہ گھومنی، ہمارا گاؤں وغیرہ۔ حامد اللہ افسر نے افسانہ نگاری اور شاعری کے علاوہ بچّوں کے ادب کی طرف خاص توجّہ کی۔ اشک اب زیادہ تر ہندی میں لِکھتے ہیں اُن کے ڈرامے افسانوں سے بہتر ہوتے ہیں۔

۱۹۳۶ء کے بعد سے مُلک کی حالت کچھ اور بدلی اور آزادی کی جدوجہد سیاسی ہونے کے ساتھ ساتھ معاشی بھی بن گئی۔ نئے اثرات کی وجہ سے سوشلزم کے خیالات بھی جڑ پکڑنے لگے۔ اور سب سے بڑی بات یہ ہوئی کہ "ترقّی پسند مُصنّفین" کے نام سے ایک ادبی انجمن قائم ہوئی، جس نے ادب کو زندگی کا ترجمان اور آئینہ دار بنانے اور ادب کے ذریعے مُلک کی حالت سُدھارنے پر زور دیا۔ اِس تحریک سے اُردو ادب کو بڑی قوّت پہنچی۔ جہاں تک افسانہ اور ناول کا تعلق ہے، سجاد ظہیر، احمد علی، کرشن چندر، سعادت حسن منٹو، خواجہ احمد عبّاس، عصمت چغتائی، اختر رائے پوری، اختر انصاری، اختر اورینوی، حیات اللہ انصاری، راجندر سنگھ بیدی، عزیز احمد، غُلام عبّاس،

حسن عسکری، احمد ندیم قاسمی نے افسانوی ادب کو مالا مال کیا، اِن میں سے ہر ایک کو اہمیت حاصل ہے اِن لوگوں نے قصّہ کے موضوع اور فن دونوں کو وسعت دی اور زندگی کے ہر گوشہ کو اپنی کہانیوں میں بے نقاب کر دیا۔ اُس سے کچھ پہلے محمّد مجیب، خواجہ منظور حُسین، منصور احمد اور بعض دوسرے لکھنے والوں نے یورپ کی بعض اچھی کہانیوں کے ترجمے سے اُردو ادب میں اضافے کیے تھے، لیکن خود یہاں جو کچھ لکھا گیا، اُس میں یہیں کے بسنے والوں کے دِل کی دھڑکن تھی۔ اِن میں سے ہر ایک پر الگ الگ لکھنا اِس مختصر کتاب میں ممکن نہیں ہے بعض کی کتابوں کی تعداد دو درجن تک پہنچتی ہے بعض کے ایک ہی آدھ مجموعے شائع ہوئے ہیں۔ سجّاد ظہیر، کرشن چندر، عصمت چغتائی، عزیز احمد اور اختر اورینوی نے ناول بھی لکھے ہیں۔

سنہ ۱۹۴۷ء کے بعد اُردو افسانہ نے غیر معمولی ترقّی کی اور بہت سے نئے نام سامنے آئے جن میں قرۃ العین، رام لال، خدیجہ مستور، ہاجرہ مسرور، رضیہ سجّاد ظہیر، جیلانی بانو، اقبال مُتین، شوکت صدیقی وغیرہ قابلِ ذکر ہیں۔

شاعروں میں بھی کچھ ایسے ہیں جو سنہ ۱۹۳۶ء کے پہلے شہرت حاصل کر چکے تھے لیکن سنہ ۱۹۳۶ء کے بعد وہ ترقّی پسندی کی تحریک سے متاثر ہوئے۔ جیسے حفیظ جالندھری، فراق گورکھپوری، جوش ملیح آبادی، اختر شیرانی، جمیل مظہری، ساغر نظامی، آنند نرائن مُلّا، روش صدیقی ان سب کی شاعری نے کئی دَور دیکھے ہیں اور اِن پر وقت کے اثرات

کی مُہریں دیکھی جا سکتی ہیں۔ اُن کے رنگ ایک دوسرے سے مُختلف ہیں۔ شاعری کا کیا مقصد ہے اُس کے بارے میں بھی اُن کے خیالات یکساں نہیں ہیں، انسان کے ماضی، حال، مُستقبل کے متعلق اُن کے خیالات الگ الگ ہیں، لیکن اِن میں ہر ایک نے اُردو شاعری کے خزانے میں اضافہ کیا ہے۔ اُن کے کلام میں رنگارنگی بھی ہے اگر جوشؔ انقلابی ہیں تو اختر شیرانی کا زیادہ تر کلام رومانی اور عاشقانہ ہے۔ حفیظؔ اور ساغرؔ کی زبان میں ہندی کی چاشنی ہے تو جوشؔ، جمیلؔ اور روشؔ کی زبان فارسی آمیز ہے۔ فراقؔ، جوشؔ اور جمیلؔ مظہری فلسفیانہ گہرائی پیدا کرنے کی کوشش کرتے ہیں۔ تو اخترؔ شیرانی اور حفیظؔ کے یہاں عام باتیں پائی جاتی ہیں، اِس طرح شاعری بھی تاریخ ادب کو کچھ دے رہی ہے۔

اِن شعراء کے فوراً بعد ایک نئی نسل شعراء کی پیدا ہوتی ہے جو زندگی کی اُلجھنوں، سیاسی اور معاشی جھگڑوں، آزادی حاصل کرنے اور ساری دُنیا کے لوگوں کو خوش حال بنانے کے خوابوں کا ذِکر زیادہ کرتی ہے، اُن کی تعداد بہت زیادہ ہے۔ لیکن اُن میں شہرت فیضؔ، مجازؔ، آزادؔ، جذبیؔ، احمد ندیمؔ قاسمی، سردار جعفری، کیفیؔ اعظمی، مجروحؔ، مخدومؔ، جاں نثار اخترؔ، اخترؔ انصاری، وامقؔ، وحیدؔ حیدرآبادی، شمیمؔ کرہانی، ساحرؔ لُدھیانوی کو حاصل ہوئی۔ اُن کے کم عُمر ہم عصروں میں وحید اخترؔ، وزیر آغاؔ، جلیل الرحمٰن، باقرؔ مہدی، راہیؔ، ابنِ انشاء، نریش کُمار شادؔ، عبدالمتین عارفؔ ہیں۔ یہ سارے شعراء ہر دل عزیز ہیں۔ کیونکہ یہ موجودہ نسل کے دِل کی دھڑکنیں اپنے کلام میں پیش کرتے ہیں، اِن میں

زیادہ تر وہ ہیں جو اپنی شاعری میں گہرے سماجی شعور کا پتہ دیتے ہیں۔ اور اپنی ساری قوّت انسانی کی بھلائی پر اس طرح صرف کر دینا چاہتے ہیں کہ فن کو نقصان نہ پہنچے۔

فنی حیثیت سے قدیم راستوں سے ہٹ کر نئی راہیں بنانے کی خواہش بھی بہت سے شعراء کے یہاں رہی ہے، اس کے کچھ تجربے پہلے شررؔ، اسمٰعیل میرٹھی اُس کے بعد عظمتؔ اللہ خاں وغیرہ نے کیے تھے لیکن یورپ کی آزاد نظم گوئی سے متاثر ہوکر باقاعدہ ایک تحریک کی شکل میں اُس کی ابتدا ۱۹۳۰ء کے بعد ہوئی۔ ان میں تصدّق حُسین خالدؔ، ن۔م۔ راشدؔ، میراجیؔ، الطاف گوہرؔ، مُختار صدّیقی اور سلامؔ مچھلی شہری کے کارنامے اہم اور غور طلب ہے۔ اُن کی شاعری زیادہ تر زندگی کے غیر اہم اور عجیب پہلوؤں کی عکّاسی کرتی ہے اِس مختصر سی تاریخ میں ان تمام شعراء کا ذِکر نہیں کیا جا سکتا۔ گذشتہ پندرہ برسوں میں شاعری کے نام پر بہت سے تجربے کیے گئے جن میں بہت سی باتیں مُشکل ہی سے اُردو کے مزاج سے مُطابقت رکھتی معلوم ہوتی ہیں کیونکہ اُن کی بُنیاد محض باہر کی نقالی پر ہے۔

۱۹۳۶ء کے بعد سے اُردو ادب میں ترقّی پسندی اور غیر ترقّی پسندی کی بحث بہت زوروں پر چلتی رہی ہے۔ بعض لوگوں نے نیا ادب کہہ کر ہر قسم کی شاعری، ہر خیال کے شاعر اور افسانہ نویس کو ایک ہی لاٹھی سے ہانکا ہے لیکن سچ یہ ہے کہ انھیں نئے ادب والوں میں ہر مزاج کے لوگ ہیں اور اپنے اپنے شعور اور مقصد کے مُطابق بُری بھلی باتیں کہتے ہیں، ایک دوسرے پر اعتراض کرتے

ہیں، غلطیاں نکالتے ہیں، اور ادب کے دوست اور دشمن قرار دیتے ہیں۔ اِس لیے تاریخِ ادب کے طالبِ علم کو یہ بات ذہن نشین کر لینا چاہیے کہ اگرچہ اُردو زبان کے سبھی خدمت کرنے والے ہیں لیکن نقطۂ نظر سے نہ تو سب ایک معیار کے ہیں نہ ایک خیال کے، اِن تمام باتوں کی وضاحت نقادوں کی ہے، اُن کی تحریروں میں بھی یکسانی نہیں ہے اور ہو بھی سکتی، لیکن اُن کے مُطالعہ سے زبان اور ادب کی رفتار کا اندازہ ضرور ہوگا۔

نئے نقادوں میں کچھ ایسے ہیں جو وقت کے تقاضوں اور ادیب کے نقطۂ نظر پر زور دیتے ہیں۔ کچھ ایسے جو فن اور زبان کی خصوصیتوں پر، اِس لیے کوئی کسی قِسم کے ادب کو اہمیت دیتا ہے، کوئی کسی قِسم کے، پھر بھی اُن کے کاموں کی اہمیت ہے۔ اُوپر ذِکر ہو چُکا ہے کہ عہدِ جدید شروع ہوا تو تنقید کی طرف خاص توجّہ کی گئی۔ حالؔی، آزادؔ اور شبلؔی کے لگائے ہوئے پودوں میں پھل پھُول لگے اور دُنیا کے ادب سے تنقیدی اصولوں کو اخذ کرکے اُردو شعر و ادب کو بھی سمجھنے کی کوشش کی گئی، جن کے نام پچھلے صفحات میں آ چُکے ہیں۔ اُن کے علاوہ ڈاکٹر عبدالرحمٰن بجنوری، مہدؔی افادی، سجّادؔ انصاری نے بھی بڑے ادیبانہ انداز میں ادب کا جائزہ لیا اور نئی نسلوں کے لیے راہ ہموار کر دی۔ ڈاکٹر محی الدّین قادری زورؔ، عبدالقادر سروری اور ڈاکٹر اعجاز حُسین نے تنقید کا دائرہ وسیع کیا اور عملی تنقیدوں سے ادب فہمی میں مدد کی۔

موجودہ زمانے میں مجنوںؔ، فراقؔ، آل احمد سرورؔ، وقارؔ عظیم، اختر اورینوی، ڈاکٹر ابواللیث، کلیم الدّین احمد، ڈاکٹر عبادت بریلوی، مُمتاز حُسین،

ڈاکٹر مسعود حسین خاں، ڈاکٹر محمد حسن، ڈاکٹر نورالحسن ہاشمی، مسیح الزماں، وزیر آغا، خورشید الاسلام، خواجہ احمد فاروقی، شبیہ الحسن، محمد عقیل، خلیل الرحمٰن حسن عسکری، مجتبیٰ حسین نے تنقید کو مشرق و مغرب کی قید سے آزاد کر کے ایک علمی صنفِ ادب میں تبدیل کر دیا ہے اُنھوں نے جمالیات، نفسیات، سماجی حقیقت نگاری، سائنٹیفک اصول، سب سے کام لیا ہے، موضوع اور شکل، زبان اور بیان، روایت اور نئے پن، ہر پہلو کو پرکھا ہے اور اِس میں جذباتی ہوئے بغیر ادبی قدروں کی جُستجو کی ہے۔ مطلب یہ ہے کہ اگرچہ یہ سارے نقّاد مُختلف خیالوں کو اہمیت دیتے ہیں، لیکن ادب کی قدر و قیمت کے جانچنے میں گہری نظر اور وسیع معلومات سے کام لیتے ہیں اِن میں ترقی پسند بھی ہیں اور اُن کے مخالف بھی، اِن میں ادب کی مقصدیت کے قائل بھی ہیں، اور مُشکل پسند بھی، لیکن اُن میں جو چیز سب کے یہاں ہے وہ اُن کا یہ جذبہ ہے کہ کِسی طرح اپنی تنقیدوں سے ادب کو فائدہ پہنچائیں۔

اُردو میں مزاح نگاری کا سِلسلہ بہت دِنوں سے جاری ہے اور جعفر زٹلی کے وقت سے (جو اورنگ زیب کے ہم عصر تھے) اِس وقت تک طرح طرح کے رنگ سامنے آئے ہیں اُنیسویں صدی کے آخری حِصّہ میں ہجو نگاری نے طنز و ظرافت کی جگہ لی اور اودھ پنچ اخبار کے لِکھنے والوں نے نئے انداز کی مزاح نگاری شروع کی۔ اُس کے لِکھنے والوں میں سرشار، اکبر، سجّاد حُسین، ستم ظریف، ہجر تھے، پھر دوسرے اخباروں میں بھی اُس کا سِلسلہ شروع ہوا،

اور ظفر علی خاں، مولانا محمد علی، مولوی محفوظ علی، چودھری محمد علی، ولایت علی بمبوق، سالک، لق لق، سندباد جہازی نے اخباری مزاح نگار کو ترقی دی، اُسی کے ساتھ ادبی مزاح نگاری کی بھی ترقی ہوتی رہی اور پروفیسر رشید احمد صدیقی، پطرس بخاری، عظیم بیگ چغتائی، شوکت تھانوی، مرزا فرحت اللہ بیگ، مُلا رموزی نے زندگی کے بھونڈے پن اور انسانوں کی حماقتوں کو اپنا موضوع بنالیا۔ اُن میں کچھ سماجی خرابیوں کی تنقید کرتے ہیں جیسے رشید احمد صدیقی اور عظیم بیگ چغتائی، کچھ محض ہنسنے ہنسانے کے لیے لکھتے ہیں اُن میں سے بعض کے یہاں اور خاص کر پروفیسر رشید احمد صدیقی کے یہاں طنز بھی بہت ملتا ہے، نئے لکھنے والوں میں کنھیا لال کپور، شفیق الرحمن اور فرقت نے مزاح نگاری کو بلندی تک پہنچایا ہے، اُن کے بارے میں یہاں لکھنا ناممکن ہے۔

اس دَور میں مختلف اصناف کی ترقی ہو رہی ہے، کسی پر کم کسی پر زیادہ توجہ دی جا رہی ہے۔ مثلاً ڈرامہ اردو میں اب بھی زیادہ نہیں ہے، نئے عہد میں آغا حشر کے بعد اشتیاق حسین قریشی، امتیاز علی تاج، پروفیسر مجیب، ڈاکٹر عابد حسین، عشرت رحمانی، کرشن چندر، منٹو، اشک، بیدی، رفیع پیر، عصمت چغتائی، ناصر شمسی، خواجہ احمد عباس، محمد حسن وغیرہ نے اِدھر توجہ کی لیکن ڈرامے کو جس بلندی تک پہنچنا چاہیے وہ ابھی دُور ہے۔

فلسفیانہ، علمی اور عالمانہ نثر بھی برابر لکھی جاتی رہی ہے

اور فلسفہ، تاریخ، تہذیب و تمدّن وغیرہ کی طرف ہمارے لکھنے والے متوجہ رہے ہیں۔ اُن میں ڈاکٹر ذاکر حسین، عابد حسین، غلام السیدین، نیاز فتح پوری، عبدالماجد دریا آبادی اور ظفر حسین خاں کے نام اہمیت رکھتے ہیں۔

۱۴

کچھ ضروری اِشارے

اگرچہ ادب کی تاریخ میں زیادہ تر ادیبوں، شاعروں اور اُن کی کتابوں ہی کا ذِکر ہوتا ہے مگر اسے بھی ذہن میں رکھنا چاہیے کہ ادب کی کہانی اور چیزوں سے مکمل ہوتی ہے۔ جیسے تاریخی حالات، تعلیم، کتابوں کی اشاعت کے طریقے، رسائل اور اخبارات، ادبی انجمنیں، مشاعرے، کانفرنسیں، دوسری زبانوں سے تعلقات وغیرہ۔ اگر اِن تمام باتوں پر دھیان رکھا جائے تو کسی ادب کی رفتار اچھی طرح سمجھ میں آسکتی ہے کیونکہ اُنھیں ذریعوں سے ادیب اور شاعر عام لوگوں سے ربط اور تعلق پیدا کرتے ہیں۔

اُردو کی اِس مختصر کہانی میں جہاں جہاں ضرورت تھی ایسے تاریخی حالات دے دیے گئے ہیں جن سے باتوں کے سمجھنے میں آسانی ہو سکتی تھی، لیکن ایسی دوسری باتوں کا ذِکر بہت کم ہوا ہے۔ جن سے زبان اور ادب کی ترقی میں مدد ملتی ہے۔ یہاں مختصراً اُنھیں بتانے کی کوشش کی جائے گی۔

جب ہندوستان میں اُردو کا اچھی طرح رواج ہوا، اُس وقت

زیادہ تر تعلیم فارسی کے ذریعہ سے دی جاتی تھی، کچھ لوگ عربی بھی پڑھتے تھے مگر جو عالم ہوتے تھے وہ سنسکرت اور ہندوستان کی دوسری زبانیں بھی جانتے تھے چنانچہ سکندر لودی اور شہنشاہ اکبر کے زمانے میں سرکاری نوکری حاصل کرنے کے لیے فارسی کا جاننا ضروری قرار دیا گیا۔ یہ حالت بہت دنوں تک قائم رہی۔ جب انگریزوں کا دَور دورہ ہوا تو بھی فارسی ہی سرکاری زبان رہی مگر زیادہ تر لوگ فارسی نہیں جانتے تھے، اِس لیے ۱۸۳۵ء میں اُردو کو سرکاری زبان بنا دیا گیا اور عدالت وغیرہ کا کام اُردو میں ہونے لگا کئی جگہ اُردو ہی ذریعہ تعلیم بھی بنا دی گئی۔ اِس حالت کو زیادہ دن نہیں گزرے تھے کہ ہندی اُردو کا جھگڑا شروع ہوگیا اور اِسکولوں اور کالجوں میں دونوں زبانوں کا انتظام کیا گیا۔ اعلا تعلیم کے لیے بھی عُثمانیہ یونیورسٹی (حیدرآباد دکن) نے اُردو کو مُنتخب کیا اور اُس میں سیکڑوں اعلا پائے کی کتابیں دَرسی ضروریات کے لیے لکھی اور مُرتّب کی گئیں۔ اُس وقت صُورتِ حال یہ ہے کہ ابتدائی تعلیم میں بھی اُردو کو ذریعہ تعلیم بنانے میں دُشواریاں ہیں، اعلا تعلیم کی بات تو الگ۔ اُردو اگرچہ ہندوستان کی قومی زبانوں میں سے ایک ہے لیکن چونکہ اس وقت تک اس کے لیے کوئی ایسا علاقہ متعیّن نہیں کیا گیا جہاں وہ واقعی بولی اور سمجھی جاتی ہے، اِس لیے اُردو سے مُحبّت کرنے والوں اور اُسے اپنی مادری زبان سمجھنے والوں کو دُشواریاں پیش آرہی ہیں۔

اٹھارھویں صدی کے آخری زمانے سے ہندوستان میں پریس

قائم ہوئے جن میں کتابیں ٹائپ میں چھپتی تھیں، پھر پریسوں کی تعداد بڑھی اور ۱۸۳۶ء کے بعد سے زیادہ سے زیادہ کتابیں چھپنے لگیں۔ کتابوں کا چھپنا، بکنا اور زندگی کی ضرورت بن جانا ادب کی ترقی میں مدد دیتا ہے اور اُس کی اشاعت ہوتی ہے۔ مثال کے طور پر نول کشور پریس کو دیکھنا چاہیے جس نے ۱۸۶۰ء سے اُس وقت تک اردو کی ہزارہا کتابیں شائع کی ہیں۔ یہ تو ایک مثال ہے، دوسرے پریس بھی اردو ادب کی اشاعت کرتے تھے اور کر رہے ہیں۔

اُردو میں پہلا اخبار کب نکلا؟ یہ بتانا مشکل ہے لیکن ۱۸۳۶ء سے اخبارات کا سلسلہ شروع ہو گیا تھا۔ چنانچہ دِلّی اخبار، سیّد الاخبار شروع کے اخبارات میں سے ہیں۔ اُس کے بعد اردو میں بہت سے مشہور اخبارات نکلے۔ مثلاً اودھ اخبار، الہلال، ہمدم، ہمدرد، مدینہ، الجمعیتہ، سرفراز، زمیندار، انقلاب، خلافت، پرتاپ، تیج، ملاپ، ہند، پیام، امروز، قومی آواز، دعوت، سیاست وغیرہ۔ اِسی طرح رسائل نے بھی اُردو ادب کو مالامال، نئے نئے لکھنے والے اُنھیں رسائل کے ذریعے میدان میں آئے، بحثیں ہوئیں، تحریکیں چلیں، نئے تجربے کیے گئے اور جو کچھ اُن میں لکھا گیا وہی ادب کا جزو بن گیا۔ چند مشہور رسالوں کے نام یہ ہیں۔ مخزن، نقاد، صلائے عام، العصر، ادیب، زمانہ، مرقع، الناظر، اُردو، اُردو ادب، ادب لطیف، نقوش، ادبی دُنیا، ہمایوں، نوائے وقت، معارف، ادب، نیا ادب، شاہراہ، ساقی، افکار، معاصر، شاعر، نگار، صبا، آج کل، سب رس

اور نیا دور وغیرہ اِن میں بعض بند ہو چکے ہیں بعض آج بھی نکل رہے ہیں۔

ادبی انجمنوں اور ادبی اِداروں کے ذریعہ ادب کی جو خدمت ہوتی ہے وہ بھی قابلِ غور ہے، قدیم زمانہ میں یہ رشتہ اُستادی اور شاگردی اور شاگردوں کے گروہ کے ذریعے مُستحکم ہوتا تھا۔ اور مُشاعرے ادبی انجمن کا کام دیتے تھے، وہیں اصلاح و تنقید کا کام ہوتا تھا۔ لیکن جب سے دَورِ جدید شروع ہوا ہے ہمیں انجمنوں، سوسائٹیوں اور اِداروں کے نام نظر آنے لگے ہیں جیسے دِلّی ناکیولر ٹرانسلیشن سوسائٹی، سائنٹیفک سوسائٹی، انجمن پنجاب، جلسۂ تہذیب، انجمن معیار وغیرہ۔ اُن انجمنوں کے ممبر مضامین لکھتے پڑھتے اور اُن پر بحث کرتے پھر وہی مضامین رسالوں میں شائع ہوتے، بعض انجمنیں تو اپنے رسالے نکالتی تھیں۔ موجودہ زمانے میں انجمن ترقّی اُردو، انجمن ترقّی پسند مُصنّفین، حلقہ اربابِ ذوق، ادارہ ادبیات اُردو، دارالمُصنّفین، جامعہ مِلّیہ، ندوۃ المُصنّفین، ہندوستانی اکیڈمی اور ساہتیہ اکیڈمی اِس کی مثال میں پیش کی جا سکتی ہیں۔

مُشاعروں کا پتہ بہت قدیم زمانے سے چلتا ہے، یہ مُشاعرے بڑے اہتمام سے کیے جاتے تھے، بعد میں اِن کا زور اِتنا بڑھا کہ ہر کالج، یونیورسٹی اور اسکول کی جانب سے سالانہ مُشاعرے منعقد کیے جانے لگے۔ اُن کو ایسی ہر دِل عزیزی حاصل ہوئی کہ شہروں کے علاوہ قصبوں اور دیہاتوں میں بھی مُشاعرے ہوتے تھے۔ اور اِس طرح اُردو زبان اور شاعری کا پیام دُور دُور پہنچتا تھا۔ مُشاعروں کے

علاوہ ادبی کانفرنسوں کا رواج بھی عام ہوا۔ جن میں زبان ادب کے مسائل پر غور وخوض کے لیے اہلِ علم اکٹھا ہوتے، وہاں کی بحثیں اور فیصلے اُردو زبان اور ادب کی تاریخ پر اثر انداز ہوتے ہیں۔ کیونکہ اُن کا اثر لکھنے والوں کے خیالات پر پڑتا ہے اور پڑھنے والے وقت کی ضرورتوں اور مسئلوں سے متاثر ہوتے ہیں۔

یہ تو اندازہ ہو چکا ہوگا کہ جب اُردو زبان کی ابتدا ہوئی اُس وقت اُس پر ایک طرف ہندوستان کی زبانوں کا اثر تھا دوسری طرف فارسی اور عربی کا۔ حالات ایسے تھے کہ فارسی کا اثر زیادہ ہوا۔ اس لیے جو ترجمے ہوئے وہ فارسی ہی سے ہوئے، کبھی کبھی یہاں کی دوسری زبانوں سے بھی فائدہ اُٹھایا گیا۔ لیکن جب انگریزی کا اثر بڑھا تو انگریزی سے ترجمے کیے جانے لگے۔ انگریزی ہی کے ذریعے سے فرانسیسی، جرمن، چینی، رُوسی، اطالوی اور دوسری زبانوں کی کتابوں کے ترجمے کیے گئے، اِن ترجموں میں صرف علمی کتابیں شامل نہیں تھیں بلکہ ناول، ڈرامے، افسانے اور نظمیں بھی ترجمہ کی گئیں۔ ترجموں کے علاوہ یہ بھی ہوا کہ یورپ کی ادبی تحریکوں، لکھنے کے ڈھنگ اور خیالات کا اثر بھی قبول کیا گیا۔ خود ہندوستان میں بہت سی زبانیں ہیں جن کا ادب بہت ترقی یافتہ ہے، اُردو کے ادیبوں نے اُن سے بھی فائدہ اُٹھایا ہے اب اُردو پڑھنے والے سرت چندر چٹرجی، بنکم چندر، ٹیگور، نذرالاسلام کے بنگالی کارناموں سے کسی نہ کسی قدر واقف ہیں، کچھ ترجمے ہندی، گجراتی، مراٹھی وغیرہ سے بھی ہوئے ہیں، تاریخ ادب پڑھنے والے کو اِن تمام باتوں پر نظر رکھنا چاہیے تاکہ وہ ترقی کے ہر

پہلو سے واقف ہوسکے۔ دنیا کا کوئی ادب الگ تھلگ رہ کر ترقی نہیں کرسکتا، اثر لینا اور اثر ڈالنا دونوں باتیں فطری ہیں، اُن سے ادب کو نقصان نہیں پہنچتا ہے۔

اِن ضروری باتوں کے علاوہ اُردو کی کہانی پڑھنے والے کو یہ بھی جاننا چاہیے کہ یہ ادب ہندوستان میں پیدا ہوا ہے یہاں کی قومی زندگی کا اُس پر اثر پڑا ہے اور اُردو نے ہمیشہ اور ہر دَور میں زندگی کے اچھے پہلوؤں اور اعلا اخلاقی تصوّرات کو اہمیت دی ہے، اُس نے ہندوستان کی آزادی کی جنگ میں حصّہ لیا ہے اس کے شاعروں اور ادیبوں نے جیل کی سختیاں سہی ہیں لیکن پھر بھی وہ مُلک کے صحت مند اور اُونچے آدرشوں ہی کو پیش کرتے رہے ہیں۔

اُردو زبان و ادب کی تاریخ سے دِلچسپی لینے والا، جب اِس کہانی کو ختم کرنے لگے گا تو فطرتاً اُس کے دِل میں یہ سوال پیدا ہوگا کہ مُستقبل میں اِس زبان اور اُس کے ادب کی کیا حیثیت ہوگی، مُلک کی ترقّی اور تعمیر میں اُس کی کیا جگہ ہوگی؟ اِس سوال کے پیدا ہونے کی وجہ یہ ہے کہ کچھ دِنوں سے اُردو کی مُخالفت نے ایسی شکل اختیار کرلی ہے جس سے اُس کی زندگی ہی خطرے میں نظر آتی ہے، کچھ لوگ اُس کو بدیسی زبان کہتے ہیں، کچھ کہتے ہیں اُس کی کوئی الگ حیثیت نہیں، یہ صرف ہندی کا ایک رُوپ ہے، کچھ کہتے ہیں اس نے مُلک کی کوئی خدمت نہیں کی بلکہ مختلف مذہب کے لوگوں کو ایک دوسرے سے دُور

کیا، کچھ اُسے مُسلمانوں کی زبان قرار دیتے ہیں، کچھ اُس کو دیش سے نکال دینا چاہتے ہیں اور کچھ اُس کی خوبیوں کے قائل ہیں اور سمجھتے ہیں کہ اُس کو بھی ہندوستان کی دوسری زبانوں کی طرح جینے کا حق حاصل ہے۔

انھیں سوالوں کے جواب مُستقبل کا دار و مدار ہے، لیکن اُن کا جواب آسان نہیں، جن لوگوں نے اُردو زبان کی ترقّی کی اس کہانی کو سوچ سمجھ کر پڑھا ہوگا، اُن کے دل اور ذہن خود ہی کچھ سوالوں کا جواب دے لیں گے یعنی وہ اِس بات پر یقین رکھیں گے کہ اُردو ہندوستان ہی کی زبان ہے، یہ صرف مُسلمانوں کی زبان نہیں ہے اُس نے ہندوستان کی تہذیبی زندگی کی تصویریں بڑی خوبی سے پیش کی ہیں، اُس نے اتحاد، امن اور انسانوں سے مُحبّت کا سبق سِکھایا ہے، اُس نے ہندوستان کی جنگِ آزادی، میں ایک سِپاہی کی طرح حِصّہ لیا ہے، اُس کے پاس بڑا ادبی خزانہ ہے، اُس نے دوسری زبانوں اور اُن کے ادب سے فائدہ اُٹھایا ہے اِس لیے اُس پر جو الزام لگائے جاتے ہیں اور جو اعتراض کیے جاتے ہیں وہ سب غلط ہیں۔ اُردو سے مُحبّت کرنے والوں کا فرض ہے کہ وہ اس کی ان تمام خوبیوں کو برقرار رکھیں بلکہ اس میں اضافہ کریں، اس میں ایسا ادب پیدا کریں جو قومی زندگی کو بنانے میں مدد کرے، پریم، امن اور بھائی چارے کا سبق دے، ہر پھول سے رَس چوسے، ہر زبان سے فائدہ اُٹھائے اور ہر دِل میں اپنی مِٹھاس اور خوشبو سے گھر بنائے، پھر اُس کا مُستقبل شاندار ہوگا۔ مُمکن ہے

نئے حالات میں اس کی شکل کسی قدر بدل جائے مگر اس کی رُوح باقی رہے گی۔ ویسے تو اس کی ترقّی پاکستان میں ہو رہی ہے، اُسے رُوس، امریکہ، انگلستان، چیکوسلواکیہ، ترکی، ایران اور مصر میں اسے اہمیت دی جا رہی ہے، لیکن اس کی زندگی ہندوستان سے اور ہندوستان میں خاص کر اُس علاقے سے وابستہ ہے جہاں اُس نے جنم لیا اور یہیں اُس کی ترقّی اصل ترقّی ہے۔

صنفِ افسانہ نگاری پر

سید وقار عظیم

کی یادگار تصنیف

افسانہ نگاری

تعمیر پبلی کیشنز کی جانب سے
بین الاقوامی ایڈیشن منظرِ عام پر آچکا ہے